바보의 벽

バカの壁

BAKA NO KABE

by YORO Takeshi
Copyright © Takeshi Yoro 2003
All rights reserved.
Originally published in Japan by SHINCHOSHA Publishing Co., Ltd., Tokyo.
Korean translation rights arranged with SHINCHOSHA Publishing Co., Ltd., Japan
through THE SAKAI AGENCY and ENTERS KOREA CO., LTD.
Korean translation rights © Jane Books

바보의 벽

초판 1쇄 펴낸 날 2003년 12월 22일
2판 1쇄 펴낸 날 2022년 2월 25일
지은이 요로 다케시 **옮긴이** 양억관 **펴낸이** 박설림 **펴낸곳** 도서출판 재인 **디자인** 오필민디자인
등록 2003. 7. 2. 제300-2003-119 **주소** 서울시 강남구 언주로 30길 13 대림아크로텔 1812호
전화 02-571-6858 **팩스** 02-571-6857

ISBN 978-89-90982-95-7 03120 Copyright © 재인, 2022 Printed in Korea.

책값은 뒤표지에 표시되어 있습니다. 잘못된 책은 바꿔 드립니다.

바보의 벽

요로 다케시 지음 양억관 옮김

재인

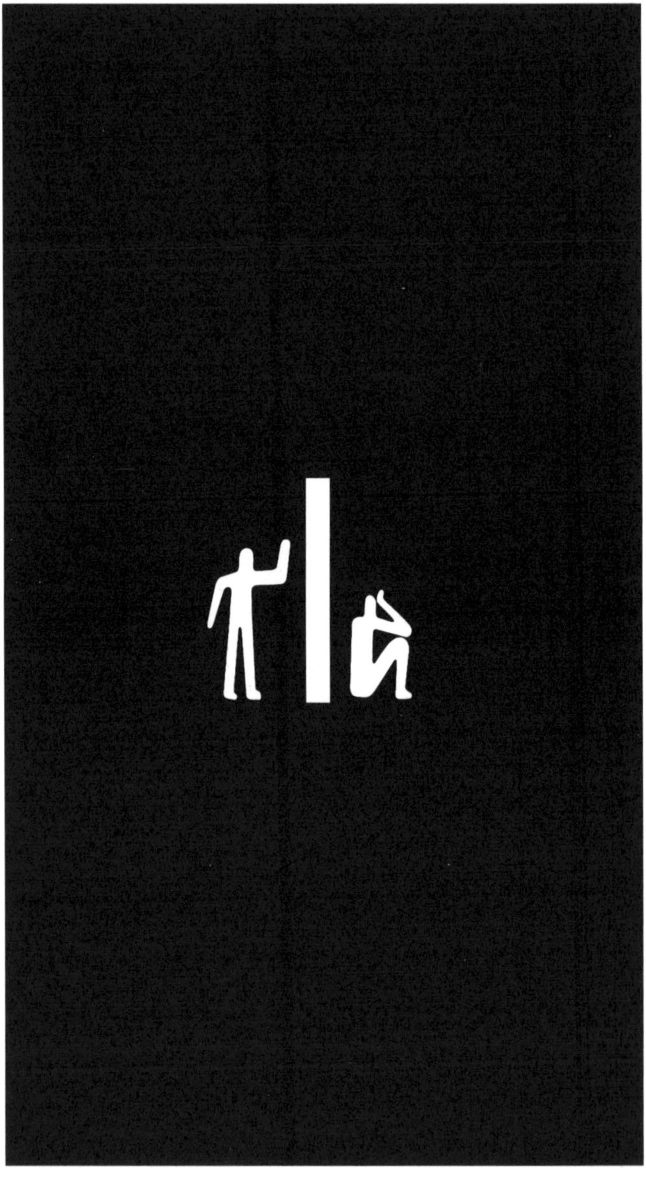

들어가는
말

이 책은 내가 구술한 내용을 신초샤(新潮社) 편집부에서 글로 재구성한 것입니다. 대담이나 강연이 책으로 만들어진 적은 많았지만, 독백이 책으로 나오기는 이번이 처음입니다. 구술하는 동안에는 어쩐지 경찰에서 취조받는 듯한 느낌도 들었지만, 이 책의 내용이 내가 한 말인 것은 틀림없습니다. 다른 사람이 내 말을 글로 쓰면 이렇게 되는구나 하고 새삼 느꼈습니다. 내가 쓴 글이라고 할 수도 있고 다른 사람이 쓴 글이라고 할 수도 있을 겁니다. 그것이 묘한 효과를 내는 듯합니다. 말하자면 이 책은 내게 일종의 실험입니다.

　제목 '바보의 벽'은 내가 처음으로 쓴 책, 『형태를 읽는다』에서 가져왔습니다. 이십 년도 더 전에 쓴 책이니 당시로서는 상당히 극단적인 표현이었을 겁니다. 결국 우리 인간은 자신의 뇌 속에 들어 있는 것밖에 이해하지 못합니다. 요컨대 학문이 최종적으로 부딪히는 벽은 바로 자신의 뇌입니다. 그런 생각으로 이 책을 썼습니다.

젊은 시절, 가정교사를 하면서 수학을 가르친 일이 있습니다. 수학만큼 알고 모르고가 확실한 학문도 없습니다. 아는 사람은 알고 모르는 사람은 모릅니다. 아는 사람이라도 한참 공부해 가다 보면 모르는 내용이 나옵니다. 물론 일생을 두고 노력하면 알게 될지도 모르지만, 인생은 무한하지 않고, 따라서 어느 지점에서는 포기하고 맙니다. 포기하지 않는 사람은 전문 수학자가 되겠지요. 그래도 수학을 전부 이해하는 것은 아닙니다. 그런 점을 생각하면 누구나 '바보의 벽'이라는 표현을 이해하지 않을까 싶습니다.

어느 정도 나이가 들면 사람이 알지 못하는 것이 있다는 걸 깨닫습니다. 그러나 젊을 때는 모든 가능성이 열려 있으므로 자신이 모르는지 어떤지를 알지 못합니다. 그래서 여러 가지로 고민합니다. 그런 때에 누구에게나 '바보의 벽'이 있다는 사실을 깨달으면 마음이 편해져서 오히려 매사를 더 잘 이해하게 될지도 모릅니다. 그때의 깨달음은 세간에서 말하는 '정답'과는 다소 차이가 있을지 모르지만, 애초에 문제라는 것에는 해답이 여럿 있기 마련입니다. 그리고 다양한 해답을 인정하는 사회야말로 살기 좋은 사회가 아닐까 싶습니다. 그러나 사람들은 대부분 그 반대로 생각하는 것 같습니다. 모두의 의견이 일치하는 사회가 좋은 사회라고 말입니다.

젊은 사람들도 마찬가지입니다. 정답이 없는 시험 문제를 내면 화를 냅니다. 하지만 인생에서 부딪히는 문제에 정답 따위는 없습니다. 우선시되는 답이 있을 뿐이죠. 나는 그렇게 생각합니다. 그러나 지금의 학교 교육은 문제에 정답이 하나인 것을 당연하게 여깁니다. 정말 그런지 곰곰이 생각해 보라고 말하고 싶습니다.

이 책 역시 세간에서 말하는 정답과는 다른 해답을 많이 제시할 듯합니다. 하지만 어쨌든 나는 이 책에 담긴 내용처럼 생각하면서 환갑을 넘겨 살아왔습니다. 그러니 그런 답도 있는 모양이라고 고개를 끄덕여 주는 것만으로도 저자로서는 행복할 것입니다. 물론 여러분의 해답이 내 해답과 다르기를 기대합니다.

차례

3장 '개성을 길러라'라는 기만

4장 나는 변하지만 정보는 변하지 않는다

5장 무의식·신체·공동체

6장 바보의 뇌

7장 교육이 수상쩍다

8장 일원론을 넘어서

1장

'바보의 벽'이란 무엇인가

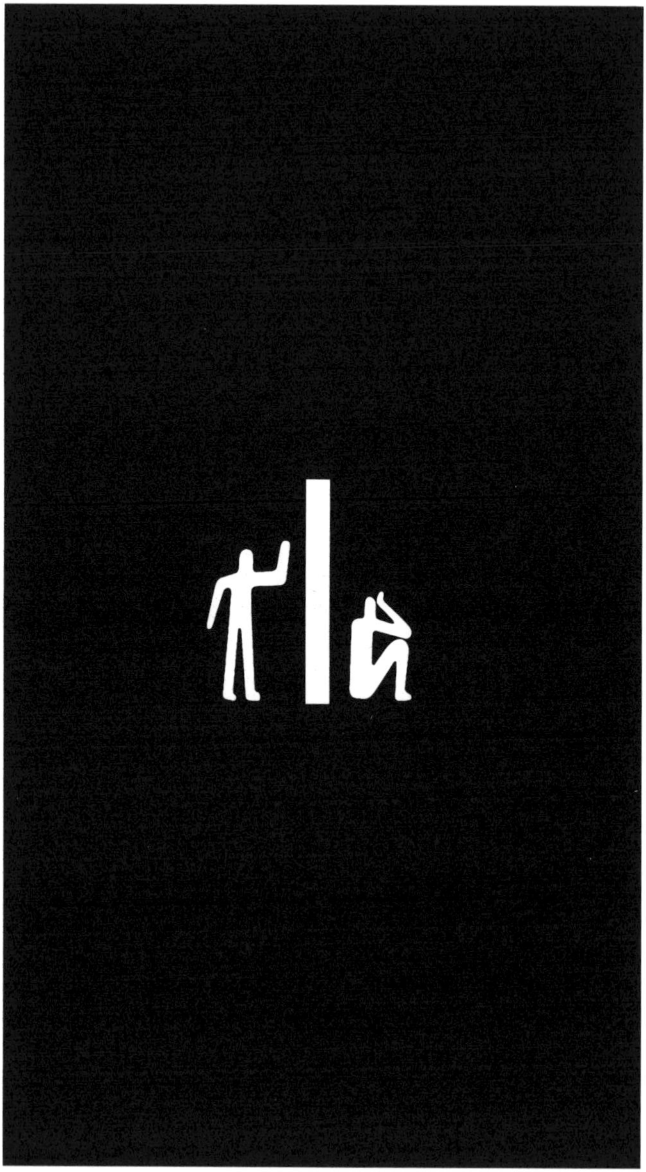

말하면 안다는 것은
새빨간 거짓말

아무리 말해도 못 알아듣는다는 것을 대학에서 실감한 적이 있습니다. 영국의 BBC 방송이 어느 부부의 임신에서 출산까지를 추적해 만든 다큐멘터리를 기타자토(北里) 대학 약학부 학생들에게 보여 주었을 때의 일입니다.

여학생이 60퍼센트가 넘는 그 자리에서 이 프로그램을 보고 난 감상을 묻자 참으로 재미있는 결과가 나타났습니다. 남학생과 여학생의 반응이 뚜렷이 달랐던 것입니다.

여학생들은 대부분 "크게 도움이 됐습니다. 새로이 알게 된 내용이 많았어요."라고 대답했습니다. 한편 남학생들은 한결같이 "보건 수업에서 이미 배운 내용뿐입니다."라고 대답했습니다. 똑같은 비디오를 봤는데 정반대라고 해도 좋을 만큼 반응이 달랐던 겁니다.

이유가 뭘까요? 같은 대학, 같은 학과이니 적어도 수학 능력이나 지적 수준에는 남녀 차이가 별로 없을 텐데 말이죠.

그렇다면 과연 어디서 차이가 생기는 것일까요.

그 대답은 '주어진 정보를 대하는 자세의 문제다.'입니다. 요컨대 남자들은 '출산'에 관해 실감하지 못합니다. 그러므로 비디오를 같이 보고도 여학생처럼 새로운 것을 발견하지 못합니다. 아니, 적극적으로 발견하려고 하지도 않습니다.

즉 자신이 알고 싶어 하지 않는 일에 대해서는 스스로 정보를 차단해 버리고 맙니다. 여기에 벽이 존재합니다. 이것도 일종의 '바보의 벽'입니다.

이 에피소드는 사물을 보는 인간의 관점이 얼마나 제각각인지를 말해 줍니다. 똑같은 비디오를 함께 보고서도 남학생들은 '다 아는 내용'이라고 말하는 반면 여학생들은 세세한 부분까지 보고 '새로운 발견'이라고 말합니다. 남학생들은 자세히 보지도 않은 채 지레 다 안다고 생각한 것이 분명합니다.

우리가 평소에 '안다'라는 말을 쉽게 하지만 실상은 그렇다는 것입니다.

안다고 생각하는 것의
무서움

'상식(common sense)'이란 사물에 관한 지식이 아니라 '당연한 것'을 말합니다. 그런데 그 전제인 '당연한 것에 대한 입장'이

서로 엇갈리는데도 자신은 안다고 여기는 것은 대단한 착각입니다. 위의 사례에서는 남녀 간의 입장 차이가 뚜렷합니다.

여학생들은 언젠가 자신들도 아이를 낳을지 모른다고 생각해 비디오를 세세한 부분까지 진지하게 봅니다. 자신의 몸에 대입해서 보다 보면 거기에 등장하는 임산부의 고통이나 기쁨 같은 감정도 전해질 테죠. 그러니까 세세한 부분까지 흥미가 입니다. 한편 남학생들은 '그런 정도는 이미 안다' 하는 식입니다. 그들에게 눈앞의 영상은 자신들이 이미 아는 지식을 그대로 나열한 것에 지나지 않습니다. 실제로는 갖가지 새로운 장면과 정보가 들어 있는데도 제대로 보지도 않은 채 안다고 말합니다.

실제로는 아무것도 모르면서 '안다'라고 착각하는 것은 무서운 일입니다.

지식과 상식은 다르다

이처럼 안이하게 '안다고 생각하는' 학생은 또한 안이하게 "선생님, 설명해 주세요."라고 말합니다. 그러나 사물을 말로 설명한다고 해서 다 알 수 있는 것은 아닙니다. 나는 학생들을 가르치면서 가장 곤혹스러울 때가 "설명해 주세요."라고 말하는 학생을 대할 때입니다.

물론 말로 하는 설명, 즉 커뮤니케이션의 기능을 부정하려는 것은 아닙니다. 그러나 이 세상에는 말만으로는 전할 수 없고 이해되지도 않는 일이 많습니다. 그걸 모르니까 '들으면 안다', '말하면 안다'라고 생각하는 것입니다.

그런 학생에게 나는 "간단히 설명해 달라고 하는데, 그럼 자네는 진통의 아픔 같은 걸 말로 설명할 수 있나?" 하고 묻기도 합니다. 물론 여자라면 진통을 체감할 수 있겠지만 남자로서는 불가능합니다. 그래도 출산을 가까이서 지켜보면 그 아픔이 어떤 것인지 어렴풋이 짐작할 수는 있습니다. 적어도 의학 서적이나 보건 교과서를 읽고서 안다고 생각하는 것보다는 좀 더 실감이 나겠죠.

어쨌든 설명한다고 해서 알 수 있는 건 아니라는 사실을 지금의 젊은이들은 모릅니다. "비디오를 봐서 안다.", "열심히 축구 경기를 보면 축구가 무엇인지 알 수 있다."라는 말들을 하지만 안다는 건 그런 게 아닙니다.

어느 자리에서 평론가 피터 바라칸 씨가 내게 이런 말을 한 적이 있습니다.

"요로 씨, 일본인들은 '잡학'과 '상식'을 혼동하는 것 같습니다."

나도 모르게 "맞아요, 맞습니다!" 하고 목소리를 높였습니다. 그야말로 의표를 찌르는 말이었습니다.

뭔가를 안다는 것과 잡다한 지식이 있다는 것은 별개라는 점을 모르는 사람이 많습니다. 출산 비디오의 예에서도 남학생들은 보건 시간에 잡학을 습득했다는 이유만으로 안다고 생각합니다. 그 연장선상에서 '열심히, 성의를 다해서 말하면 통할 거야, 알아줄 거야.'라는 착각에 빠지는 것도 무리가 아닙니다.

현실이란
무엇인가

안다는 것에 관해 좀 더 생각하다 보면 '현실이란 대체 무엇인가'라는 문제에 부딪히게 됩니다. 우리가 마땅히 알아야 하는 대상의 실체가 과연 무엇이냐 하는 것입니다. 그 누구도 현실에 관해 자세히 알지 못합니다.

설령 어느 자리에서 마주했다 해도 알지 못하고, 기억이라는 것 또한 지극히 애매모호합니다.

그런데 이 세계란 그런 것이다, 그렇게 쉽게 알 수 있는 것이 아니다, 라는 것을 옛날 사람들은 누구나 알았던 것 같습니다. 그 애매함과 모호함이 바로 아쿠타가와 류노스케(芥川龍之介)의 소설 '야부노나카(藪の中)'와 구로사와 아키라(黒澤

明) 감독의 영화 '라쇼몽(羅生門)'의 주제였습니다. 같은 사건을 목격한 세 사람이 각기 다르게 사건을 기억한다는 것이 이야기의 주제입니다. 그야말로 현실은 '야부노나카(덤불 속)'입니다.

그런데 현대에 들어서면서 자신이 알고 있는 것에 대해 의심하는 사람이 점차 없어지고 말았습니다. 모두가 막연히 '나는 현실 세계에 관해 웬만큼 안다.' 또는 '알려고 들면 알 수 있다.'라고 생각합니다.

그래서 단지 텔레비전에서 봤다는 이유만으로 2001년 9월 11일에 뉴욕에서 무슨 일이 일어났는지 안다고 생각합니다. 실제로는 텔레비전 화면을 통해 비행기가 고층 빌딩 두 곳에 돌진한 것과, 그 결과 빌딩이 무너지는 장면을 봤을 뿐인데 말입니다. 그 사건 후 뉴스에서는 테러의 배경에 관한 해설을 반복해서 내보냈습니다.

그러나 텔레비전이나 신문을 통해 일정한 정보를 얻은 것만으로 모든 것을 알 수는 없습니다. 그 자리에 있었던 사람들의 감각이나 공포는 텔레비전을 통해 느끼는 그것과 상당히 다를 것입니다. 그런데도 뉴스를 본 것만으로 그날 일어난 사건에 관해 훤히 아는 듯한 기분이 듭니다. 나는 그 점이 무섭습니다.

현실을 자세히 아는 일이 그처럼 간단할까요?

그렇지 않습니다. 그렇지 않기 때문에 인간은 늘 확실한 뭔가를 갈구하는 것입니다. 종교 또한 그래서 나왔습니다. 저는 그리스도교, 유대교, 이슬람교 같은 일신교가 현실의 불확실성을 전제로 성립했다고 봅니다.

즉 인간으로서는 알 수 없는 현실의 모든 것을 완전히 파악한 존재가 세상에 딱 하나 있다, 그것이 바로 신이다, 라는 전제가 있기에 올바른 해답이 존재한다는 전제도 성립합니다. 따라서 그들은 과학에서든 그 밖에 다른 분야에서든 정답을 철저히 추구할 수 있습니다. 이 세상 유일의 절대 존재가 있으므로 정답도 존재한다는 식입니다.

그런데 일본은 본래 백팔만 신의 세계입니다. 그래서 본질적인 진실은 무엇인가, 사실은 무엇인가를 추구하는 습관이 없습니다. '절대적 진실'이 존재하지 않으니 당연한 일입니다. 이것이 바로 일신교의 세계와 자연 종교의 세계, 즉 유럽이나 이슬람 사회와 일본의 커다란 차이입니다.

NHK는
신인가

'객관적 사실이 존재하는가'에 대한 대답은 역시 최종적으로 신앙의 영역이라고 생각합니다. 왜냐하면, 사실상 누구에게도 그것을 확인할 수 없으니까요. 가장 두려운 점은 그것이 신앙이라는 사실도 모른 채 그런 것이 존재한다고 믿는 사람이 매우 많다는 것입니다. 그리고 그런 것의 대표가 NHK 방송이라는 것이 나의 지론입니다. NHK는 자신들의 보도의 모토가 '공평, 객관, 중립'이라고 당당히 부르짖습니다.

"말도 안 되는 소리. 어떻게 그런 말을 할 수 있습니까. 당신들이 신이에요?" 하고 항의하고 싶어집니다. 신까지는 아니어도 당신들이 이슬람교도나 그리스도교도나 유대교도라도 되느냐고 묻고 싶습니다. 그렇지 않다면 어떻게 그토록 태연히 자신들이 옳다고 주장할 수 있을까요.

이처럼 안이하게 자신들이 옳다고 믿는 사람들이 존재한다는 것은 매우 무서운 일입니다. 현실이란 그렇게 간단히 알 수 있는 게 아니라는 전제하에 진지하게 고민해 보지도 않고 스스로를 객관적이라고 믿다니요.

자신들이 옳다고 믿기 때문에 정치가의 독직 사건 따위가 일어나면 "어찌 됐건 너희는 나쁜 놈들이야. 이상." 하고 결론지어 단죄하는 보도를 합니다. 명백히 일종의 사고 정지(思考停止)가 일어났는데도 정작 자신들은 그것을 자각하지 못합니다.

피터 바라칸 씨가 '잡학과 상식을 혼동하는 것 같다'라고 말한 것도 바로 이런 상황을 가리키는 것입니다. 방대한 '잡학'류의 지식을 나열한다고 해서 '상식'이라는 거대한 세계가 구성되지는 않습니다. 그러나 사람들은 그것을 혼동하는 경향이 있습니다.

그럼 상식이란 무엇일까요. 16세기 프랑스의 사상가 몽테뉴는 간단히 말해 상식이란 '누가 생각해도 그럴 것이다'라고 할 만한 것이라고 했습니다. 그것이 절대적 진실이든 아니든 '인간이라면 보통 그럴 것이다'라고 할 수 있는 것이 상식이라는 뜻입니다.

몽테뉴는 '이쪽 세계에서는 당연해도 저쪽 세계에서는 그렇지 않을 수 있다'라는 것을 아는 사람이었습니다. 물론 '객관적 사실' 따위를 맹목적으로 믿지도 않았습니다. 상식을 안다는 것은 그런 것입니다.

수상쩍은
과학

여기서 착각하기 쉬운 것이 '과학'에 관한 사고방식입니다.

'하지만 과학의 세계에는 절대적인 것이 있잖아.' 하고 생각하실지도 모르겠습니다.

실제로 통계를 내 보지는 않았지만, 아마도 과학자의 90퍼센트 가까이는 과학에 사실(事實)이 존재한다고 믿는 듯합니다. 일반인이라면 더욱더 과학을 절대적이라고 믿지 않을까 싶습니다. 그러나 절대 그렇지 않습니다.

예를 들어 최근에는 '탄산가스의 증가가 지구 온난화의 주범이다'라는 주장이 마치 '과학적 사실'이기라도 한 것처럼 말들을 합니다. 과학자는 물론이고 정부까지도 이 가설을 이미 확정된 사실로 단정하고 논의를 이어 나가고 있습니다. 그러나 이 주장 또한 가설의 하나일 뿐입니다.

온난화 문제에서 하나의 사실로서 받아들일 수 있는 부분은 최근 지구의 평균 온도가 해마다 상승하고 있다는 점입니다. 탄산가스의 증가를 운운하는 것은 어디까지나 온난화의 원인을 설명하는 추론 중 하나에 지나지 않습니다.

또한 온도가 상승하고 있는 것 자체는 사실이지만, 오래전부터 일관되게 상승하기만 하는지 어떤지 확실치 않고, 어쩌면 지금은 온도가 올랐다가 내렸다가 하는 파동 중 상승하는 시기에 해당하는지도 모릅니다.

최근 나는 임야청과 환경성의 간담회에 참석했습니다. 그 자리에서는 일본이 교토 의정서의 실행을 앞두고 그 대책과 예산 획득 방법 등에 관한 논의가 오갔습니다. 그런데 거기서 나온 의견서의 서두에 "이산화탄소 증가에 따른 지구 온난화로 인해 다음과 같은 현상이 일어난다."라고 적혀 있지 않겠습니까. 나는 그것을 '이산화탄소 증가에 따른 것으로 추측

되는'으로 고쳐 써 달라고 요청했습니다. 그러자 관료들이 대뜸 반론을 제기하더군요. "국제회의에서 세계 과학자의 80퍼센트가 탄산가스를 원인으로 꼽았습니다."라고요. 하지만 과학은 다수결이 아닙니다.

나는 "당신들의 그런 사고방식이 염려스럽습니다."라고 말했습니다. 아마도 국가 행정이 그렇게 대규모로 하나의 과학적 추론을 채택하고 그에 기초해서 뭔가를 하는 것은 이번이 처음이 아닐까 싶은데, 만일 나중에 '실은 그 추론이 잘못되었다'라고 밝혀지기라도 한다면 큰 문제가 일어날 테니까요.

특히 관청이란 곳은 정책을 한번 채택하면 좀처럼 바꾸지 않는 특성이 있습니다. 따라서 '과학적 추론'을 진리라고 경솔하게 단정하는 것은 매우 위험합니다.

'과학적 사실'과 '과학적 추론'은 다릅니다. 온난화에서는 '기온이 상승하고 있다'까지가 과학적 사실입니다. 그 원인이 탄산가스 때문이라는 것은 과학적 추론입니다. 복잡계의 사고방식으로 보면 애초에 이런 단순한 추론이 가능할지 어떨지도 의문입니다. 하지만 사실과 추론을 혼동하는 사람이 많습니다. 엄밀히 따지면 '사실'조차 하나의 해석에 불과하다고 할 수 있습니다.

과학에는
반증이 필요하다

오스트리아의 과학 철학자 칼 포퍼는 "반증될 수 없는 이론은 과학적 이론이 아니다."라고 말했습니다. 일반적으로 이것을 '반증주의'라고 부릅니다.

예를 들어 아무리 '과학적'으로 타당해 보이는 이론이 있다고 해도, 거기에 합치하는 데이터를 잔뜩 모으는 것만으로는 의미가 없다는 것입니다. '백조는 모두 하얗다'라는 명제를 증명하기 위해 흰 백조를 아무리 많이 찾아내 봐야 의미가 없습니다. '검은 백조는 존재하지 않는다'라는 반증이 성립되었을 때에야 비로소 과학적 이론으로 인정받을 수 있습니다.

즉 '과학적'이라는 것은, 어떤 사실을 논리적으로 설명할 수 있다고 해서 무조건 절대적 진실이라고 여기지 않고, 거기에 반증될 수 있는 모호한 부분이 남아 있다는 것을 인정하는 자세를 말합니다.

진화론의 경우 '자연선택설'이 위험한 것도 반증이 불가능하기 때문입니다. '살아남은 종이 적자다'라는 주장을 반증할 방법이 없습니다. '선택받지 못한 종'은 이미 존재하지 않으니까요. 아무리 합리적인 설명이라고 해도 그것은 결과에 지나지 않으며, 실제로 '살아남지 못한 자'가 과연 환경에 부적합했는지 어떤지는 비교하기 힘듭니다.

포퍼가 가장 좋은 예로 꼽은 것이 아인슈타인의 특수 상대성 이론에 대한 반증이었습니다. 그는 이 이론을 실험적으로 검증할 수 있을지 생각해 보았습니다. '공간은 굽어 있다'라고 주장하는 아인슈타인의 이론은 과연 타당한가.

이 이론을 검증하기 위해 일식 때 별의 위치를 관측한 사람이 있습니다. 그러자 실제로 태양에 가려 보이지 않아야 할 별이 관측되는 게 아니겠습니까! 이것은 빛이 구부러져서 온다는 뜻이죠. 그리고 빛이 구부러져서 온다는 것은 공간이 굽어 있다는 것을 뜻합니다. 그러므로, 하고 포퍼는 말합니다.

"아주 사소한 하나의 사실에 모든 것을 걸 수 있는 이론일수록 좋은 이론입니다."

확실성이란
무엇인가

포퍼의 이런 주장은 오해를 불러일으키기 쉬워서, "그럼 믿을 게 아무것도 없잖아요." 하고 되묻는 사람이 있을 겁니다. 나는 그런 물음이야말로 난폭하고 비과학적이라고 생각합니다.

애당초 나는 '확실한 것은 아무것도 없다'라고 말하지 않았습니다. 우리는 늘 '확실한 것'을 찾고 있습니다. 그래서 의

심하거나 검증합니다. 그런 과정을 전부 건너뛰고 확실한 것이 없다고 말하는 것은 일종의 말장난입니다.

'이 세상에 확실한 것은 없지 않나요?'라고 묻는 사람이라도 실제로 오늘 저녁 귀가할 때 자신의 집이 사라지고 없으면 어떡하나 하는 걱정은 하지 않을 겁니다. 실은 화재로 집이 몽땅 타 버렸을 수도 있는데 말이지요. 모든 것은 개연성의 문제에 지나지 않습니다. '더는 믿을 것이 없다'라며 머리를 싸맬 필요는 없습니다. 인간이 때로 사이비 종교에 빠지는 것은 그런 불안정한 상태이기 때문입니다.

나는 '모든 것이 불확실하니 아무것도 믿지 마십시오'라고 얘기하는 것이 아닙니다. 온난화의 주범이 탄산가스일 가능성이 높다, 라고 생각하는 것은 괜찮습니다. 일기 예보에서는 매일 '강수 확률이 60퍼센트'라느니 따위의 말을 하는데 누구나 그것을 별 의심 없이 받아들입니다. 마찬가지로 '탄산가스가 지구 온난화의 원인일 가능성, 80퍼센트'라고 결론을 내리면 됩니다.

다만 그것은 추측일 뿐 진리가 아니라는 사실이 중요합니다. 왜 이런 문제에 집착하느냐 하면, 온난화 문제 외에도 앞으로 행정에 과학이 관여할 일이 많기 때문입니다. 그럴 때 과학을 절대적으로 맹신하면 위험한 결과를 부를 수 있습니다.

덧붙여 말하면, 과학은 이데올로기가 아닙니다. 이데올로기는 늘 그 내부에서는 100퍼센트 진실이지만 과학은 그렇지 않습니다.

2장

뇌 속의 계수

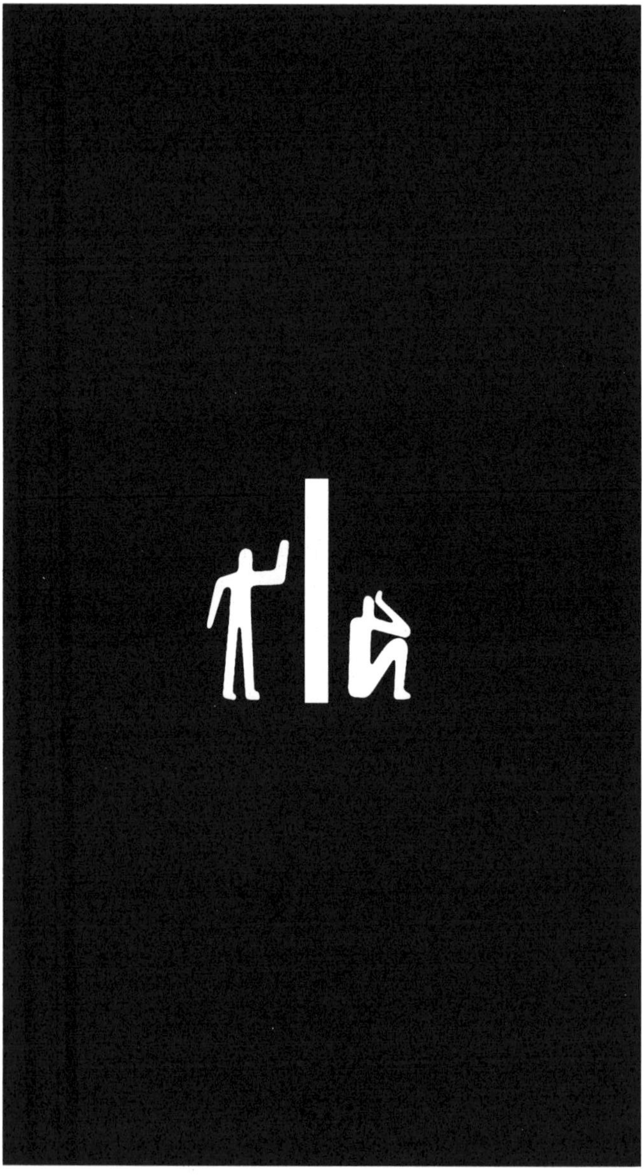

뇌 속의
입출력

알고 싶지 않은 일에 귀를 기울이지 않는 사람과 말이 통하지 않는 경우가 일상에서 흔히 있습니다. 그런 상황이 확대된 결과가 전쟁이나 테러, 민족 간·종교 간의 분쟁 같은 것들입니다. 이슬람 원리주의자와 미국의 대립도 그 규모는 크지만 같은 연장선상에 있다고 봅니다.

이것을 뇌의 입력과 출력이라는 측면에서 설명해 보겠습니다. 말할 것도 없이 입력은 정보가 뇌로 들어가는 것이고 출력은 그 정보에 대한 반응입니다. 입력은 오감이고, 출력은 최종적으로는 의식적인 행위, 아주 구체적으로 말하면 운동이라고 할 수 있습니다.

운동이라고 해서 반드시 스포츠를 가리키는 것은 아닙니다. 말하기도 운동이고, 글쓰기도 운동이며, 손짓이나 표정역시 운동입니다. 더 나아가 입력된 정보를 머릿속으로 생각하는 것도 운동입니다. 이 경우 출력을 뇌 속의 운동이라고 보면 됩니다.

커뮤니케이션이라는 형식을 취할 경우 출력은 일종의 운동 표현입니다.

뇌 속의
일차 방정식

그렇다면 오감을 통해 입력하고 운동계를 통해 출력하는 사이에서 뇌는 무슨 일을 할까요. 입력된 정보를 뇌 속에서 이리저리 돌리고 움직입니다.

이때 입력을 x, 출력을 y라고 하면 $y=ax$라는 일차 방정식 모델을 상정할 수 있습니다. 입력 정보 x에, 뇌 속에서 a라는 계수를 곱해서 나온 결과, 즉 반응이 y라는 뜻입니다.

이 a라는 계수는 이른바 '현실의 무게'라고 불러도 좋을 듯합니다. 이 값은 사람에 따라, 그리고 입력이 무엇이냐에 따라 크게 달라집니다. 보통은 입력 x가 있으면 인간은 당연히 반응을 나타냅니다. 즉 y가 존재하므로 a는 제로가 아닙니다.

그런데 'a=0'인 매우 특수한 예가 있습니다. 이때는 뭘 입력해도 출력이 없습니다. 출력이 없다는 것은 입력이 행동에 영향을 끼치지 않는다는 뜻입니다.

행동에 영향을 끼치지 않는 입력은 그 사람에게 현실이 아닙니다. 즉 남학생에게 '출산 비디오'가 아무런 감흥을 주지 못한 것은 그 입력에 대해 계수 a가 제로(또는 한없이 제로에 가까운 수치)였기 때문입니다. 그들에게 '출산 비디오'는 현실의 이야기가 아니었습니다. 그러니 감흥이 있을 리 없습니다.

벌레와
동전

마찬가지로, 아랍 사람들이 이스라엘에 관해 무슨 말을 하건, 더 나아가 전 세계가 어떤 비판을 하건 이스라엘 사람들은 그 정보에 대한 계수 a가 제로입니다. 따라서 그들의 행동에 아무런 영향을 미치지 않습니다.

이스라엘의 주장에 대한 아랍 측의 계수 역시 제로입니다. 듣고 있는 것 같지만 듣지 않습니다. 계수가 제로일 때 상대방의 말은 현실이 아닙니다.

다른 예를 하나 더 들어 보겠습니다. 길을 걷고 있는데 발치에 벌레가 한 마리 기어간다면, 나라면 걸음을 멈추겠지만 관심이 없는 사람은 무시하고 갈 것입니다. 눈길조차 주지 않겠죠. 그 사람에게 벌레라는 정보는 계수 a가 제로이기 때문입니다.

그러나 동전이 하나 떨어져 있었다면 그 사람도 발길을 멈

쳤을지 모릅니다. 로또 복권이 떨어져 있었다면 '어쩌면 당첨될지도 몰라.' 하고 기대하면서 멈춰 서서 주웠을지도 모릅니다. 나는 로또 복권에는 멈춰 서지 않습니다.

이것은 출력이 입력에 전혀 영향을 받지 않는 경우와 영향을 받는 경우가 확연히 나뉘는 사례입니다. 사람에 따라 현실을 다르게 인식하는 것은 실은 계수 a가 플러스인 사람과 마이너스인 사람, 제로인 사람이 있기 때문입니다.

'계수 무한대'는
원리주의

그 외에도 흔히 찾아볼 수 있는 'a= 제로'의 예로는 아버지의 설교에 전혀 귀를 기울이지 않는 자식의 경우를 꼽을 수 있습니다. 방을 정리하라느니 숙제를 빨리 하라느니 하고 이런저런 잔소리를 늘어놓으면 자식은 응, 응, 하며 그 순간에는 고개를 끄덕이지만 실은 전혀 듣고 있지 않습니다. 그래서 다음 날이 되면 똑같은 일이 벌어지는 것입니다.

아버지의 설교 내용은 'a= 제로'이므로 아무리 입력해도 행동에 영향을 미치지 않습니다. 아버지가 화가 났다는 사실만 입력되어 화난 아버지의 얼굴을 보면 도망칠 뿐입니다. 그런 의미에서 본다면 출력이 일어나기는 했다고 할 수 있겠죠. 자식에게 현실이란 '화가 난 아버지의 얼굴'뿐이고 '아버지의 설교'는 현실이 아닙니다.

한편 'a = 제로'의 반대는 'a = 무한대'라고 할 수 있습니다. 그 대표적인 예가 원리주의입니다.

원리주의자에게 어떤 종류의 정보나 신념은 절대적 현실입니다. 그것들은 그 사람의 행동을 절대적으로 지배합니다. 그런 사람에게 교주의 설교, 알라신의 말씀, 경전에 기록된 내용은 a 값이 무한대입니다.

감정의
계수

이러한 일차 방정식으로 인간의 행동을 대부분 설명할 수 있습니다. 지금까지는 뭔가를 안다는 것에 관해 이야기했지만 감정에 관해서도 똑같이 설명할 수 있습니다.

간단히 말해서 a가 제로보다 크면 좋아하게 되고 a가 제로보다 작으면 마이너스로 작용하므로 싫어하게 됩니다. 누군가를 보면 그 즉시 시각 정보 x가 입력되는데, a가 플러스이면 y, 즉 행동도 플러스가 됩니다.

누구나 친한 사람이나 애인에게는 기쁜 표정으로 다가가거나 미소를 짓습니다. 그러나 싫은 상대나 빚쟁이는 a가 마이너스이고 그 결과 y도 마이너스이므로 그런 사람을 만나면 놀란 토끼처럼 길 반대편으로 도망치거나 주먹을 휘두르거나 때리려고 덤비는 등 부정적으로 행동할 겁니다.

행동에는 플러스와 마이너스가 있습니다. 즉 a가 플러스 10일 수도 있지만 마이너스 10일 수도 있습니다. 뇌는 그런 식으로 움직이고 그것은 행동으로 연결됩니다.

감정이라는 면에서도 마찬가지인데, 미국인이 이슬람 테러리스트를 보면 마이너스 계수가 커지므로 분노나 증오의 감정이 생길 겁니다. 하지만 같은 사람을 봐도 이슬람 원리주의자들은 플러스 계수가 커지겠죠.

일반적으로 사람을 비난할 때는 마이너스 감정이 있는 겁니다. 다만 누군가를 한결같이 진심으로 비난한다는 것은 적어도 그 대상을 현실로는 인식한다는 뜻입니다. 그때의 a는 제로가 아닙니다. 그래서 행동도 상당히 달라집니다. 증오하거나 혐오하는 것은 그 정보를 엄연한 현실로서 인식한다는 걸 나타냅니다.

적응성은
계수에 달렸다

남녀 관계의 좋고 싫음을 생각해 보면 이해가 쉽습니다. 오랫

동안 싫어하던 사람과 어느 날 갑자기 사귀게 되었다는 얘기를 종종 듣습니다. 입으로는 싫다 싫다 하면서 속으로 좋아하는 경우도 마찬가지입니다.

요컨대 처음에는 싫어하다가 벡터의 방향이 뒤집혀 좋아하게 되는 것입니다. a가 제로일 때, 즉 관심이 없을 때는 그렇게 되지 않습니다. 상대에게 전혀 흥미가 없으니 상대가 현실로 인식되지 않기 때문입니다. '안중에 없다'라는 말은 바로 그런 상태를 뜻합니다.

a의 수치에 따라 어떤 상황에 적응하느냐 적응하지 못하느냐가 기본적으로 결정된다고 생각합니다. a 값이 적절하면 환경 적응성이 있는 것이고, 부적절하면 그 환경에는 맞지 않는 것입니다.

"이 회사는 아무래도 맞지 않으니까 그만두겠어."라고 말하는 사람은 그 사람의 a 값이 자신이 소속한 회사라는 환경의 입력에 대해 제대로 반응할 수 있는 수치로 설정되어 있지 않은 것입니다. 어느 회사에 들어가든 금세 그만두는 사람은 애당초 '회사'라는 곳이 공통으로 발신하는 정보에 대해 a 값이 적절하지 않아서입니다. '아버지의 설교'를 한쪽 귀로 듣고 한쪽 귀로 흘리는 것과 마찬가지로 '상사의 지시'에 늘 '제로'로 반응하는 젊은이는 회사에 적합지 않은 사람입니다.

설령 마이너스라 할지라도 커뮤니케이션에서는 a 값이 존

재하는 편이 훨씬 낫습니다. a 값이 마이너스일 때는 개선의 여지가 있기 때문입니다. a가 제로이면 다른 방법이 없습니다. 하지만 마이너스가 쌓이다 보면 오세로(オセロ) 게임(두 사람이 각각 앞뒤가 흑과 백으로 이루어진 말을 판 위에 번갈아 놓아 자기 말 사이에 낀 상대 말을 뒤집는 게임-편집자)에서처럼 어느 순간 플러스로 확 뒤집히는 경우도 있습니다.

종교에는 기본적으로 마이너스를 플러스로 바꿀 수 있는 논리가 있습니다. 그리스도교의 성경에 등장하는, 탕아가 개과천선하는 에피소드가 바로 그 예입니다. 어떤 계기로 신을 영접하거나 하여 마이너스 10이 돌연 플러스 10으로 변하는 것입니다.

한편, 종교도 원리주의로 발전하면 계수 a가 무한대에 이르고 '절대적인 진리'를 강요하게 되어 테러로까지 연결됩니다. 거기에 커뮤니케이션이란 존재하지 않습니다.

a = 제로와 a = 무한대는 참으로 다루기 어려운 현실적인 문제입니다. 테러는 a = 무한대가 나쁜 형태로 표출된 것입니다. 그 옛날 청년 장교들은 자신들의 신념을 이루기 위해 "말은 필요 없다."라면서 상대를 죽이기도 했습니다(1932년 국가 혁신을 꿈꾸던 일본의 극우파 청년 해군 장교들이 이누카이 쓰요시 총리를 암살한 사건을 말함-편집자).

우리 주변에서 그처럼 극단적인 사람을 찾아보기란 쉽지

않습니다. 만일 우리 주변에 제로나 무한대가 우글거린다면 정상적인 사회생활이 불가능할 것입니다. 그렇지만 수학에서는 특수한 경우도 반드시 다루지 않으면 안 됩니다. 논리적으로 존재할 수 있는 경우를 모두 고려해야 하니까요. 그래서 제로도 무한대도 고려해야 합니다. 그 어느 쪽도 대개는 좋지 않은 출력(=결과)값이 나올 것은 불 보듯 뻔하지만 말입니다.

기본적으로 이 세상이 요구하는 '인간의 사회성'이란 가능한 한 여러 종류의 자극에 대해 적절한 '계수 a'를 갖는 것입니다. 물론 개중에는 제로가 올바른 계수인 경우도 있습니다. 길을 걷는 내내 전봇대에 반응을 보여서야 제대로 살아갈 수 있겠습니까.

요즘 EQ라는 말을 자주 듣는데, 이것은 간단히 말해 인간의 감정이나 심리 같은 것이라고 할 수 있겠죠. '심리'를 '뇌의 구조'라는 측면에서 설명해 보자면 '입력에 대해 적절한 무게를 부여할 수 있는 상태'라 하겠습니다.

지금 여기서 내가 하는 말은 억지나 극단론이 아닙니다. 다만 인간의 뇌를 계산기 같은 하나의 입출력 장치로 생각해도 크게 틀리지 않는다는 말을 하고 싶을 따름입니다. 일반적으로는 그렇게 생각하지 않기 때문에 뇌의 입출력을 일차 방정식에 비유하면 사람들은 위화감을 느낍니다. 인간은 어떻게든 자신들의 뇌를 매우 고급스러운 기관으로 생각하려고 합

니다. 그러나 실제로는 딱히 고급스럽다고 할 수 없는, 요컨
대 계산기일 뿐입니다.

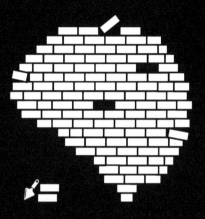

3장

'개성을 길러라'라는 기만

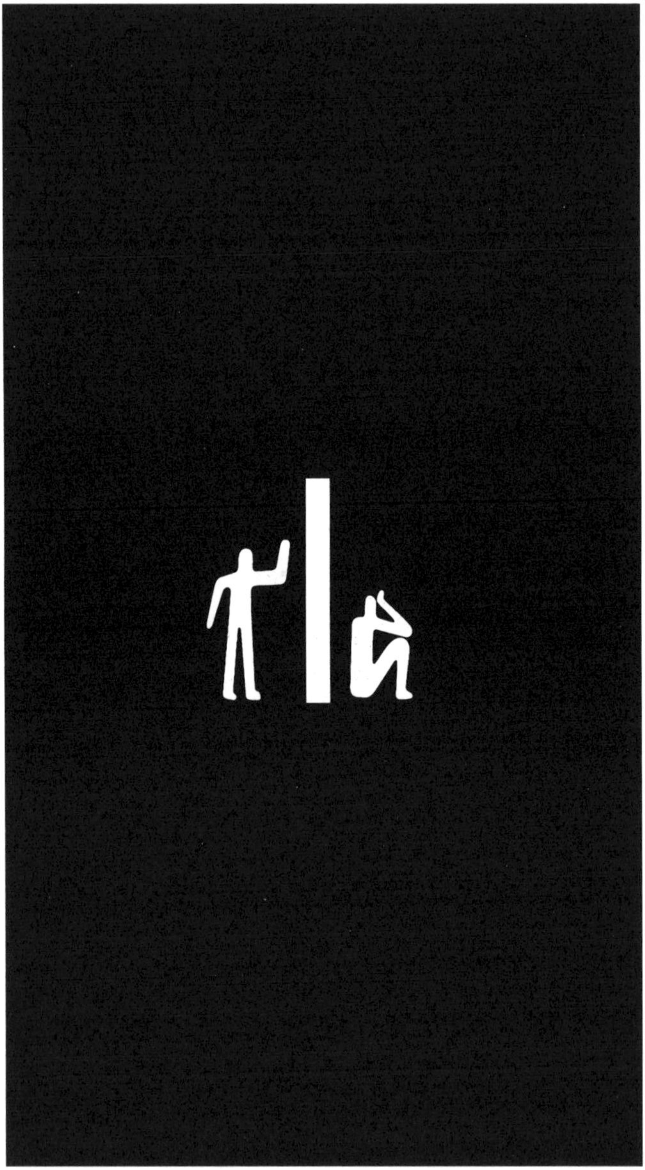

공통 이해와
강제 이해

안다는 것에 대해 좀 더 생각해 보겠습니다. 한마디로 '안다'라고 표현하지만 거기에는 여러 종류가 있습니다. 여기서는 '공통 이해'와 '강제 이해'라는 분류 방식을 사용할까 합니다.

기본적으로 언어는 '공통 이해', 즉 세상 사람 누구나 알 수 있는 공통의 수단입니다. 그리고 언어에서 조금 더 공통적인 이해 사항들을 추린 것이 '논리', '논리 철학', 더 나아가 '수학' 같은 것들입니다.

수학이란 증명에 의해 반드시 옳다고 인정된 논리입니다. 그러므로 '강제 이해'의 영역에 속합니다. 수학적으로 증명되면 그 결론을 인정하지 않을 도리가 없습니다.

수학에 '실증'이라는 요소가 첨가된 것이 과학입니다. 실험실에서 실험해 보니 이러저러한 결과가 나왔다고 하면 그 또한 인정할 수밖에 없습니다. 거스르기가 어렵죠.

인간의 뇌라는 것은 이러한 순서, 즉 가능한 한 많은 사람에게 공통 이해의 영역을 넓혀 가는 방향성을 지니고 이른바 진보를 계속합니다. 매스 미디어의 발달이야말로 이러한 '공통 이해'의 확대 그 자체라 할 수 있습니다. 매스 미디어에 의해 옛날에는 상상조차 할 수 없었을 만큼 다수의 사람이 동시에 같은 장면을 볼 수 있게 되었고, 그 덕분에 다수의 사람이 어떤 사실이나 현상에 관해 공통의 정보를 습득하게 된 것입니다. 공통 이해라는 것이 다수의 사람이 소통하기 위한 수단이라는 것을 생각하면 그런 발전은 자연스러운 흐름이라고 할 수 있습니다.

그런데 어찌 된 일인지 그런 흐름에 이의를 제기하는 움직임이 있습니다. '개성'을 존중하자는 것이 그 대표적인 사례입니다.

최근 들어 '개성'이나 '자기', '독창성' 등을 소중히 여기자는 말을 흔히 듣습니다. 교육계 관료들마저 걸핏하면 '개성적인 교육'이라든가 '어린이의 개성을 존중하자'라든가 '독창성이 풍부한 어린이로 기르자'라는 말을 합니다.

그러나 앞에서 말했듯이 '공통 이해'를 추구하는 것이 문명의 자연스러운 흐름이라고 본다면 이것은 참으로 이상한 일입니다. 다수의 사람에게 공통의 이해를 넓혀 감으로써 문명이 발전해 왔는데 다른 한편에서는 갑자기 '개성'을 소중히 여기자니, 모순이 아닐 수 없습니다.

개성이 풍부한
정신 질환자

현대 사회에서 정말로 자신의 '개성'을 마음껏 발휘하는 사람이 있다면 그는 정신 병원에 가야 할 것입니다.

잠깐만 생각해 봐도 쉽게 알 수 있습니다. 다른 사람들은 모두 웃는데 혼자서 운다든지, 장례식에서 다들 우는데 혼자서 박장대소하는 사람을 말입니다.

분명 그는 여타의 보통 사람들과 달리 '개성'을 마음껏 발휘하고 있습니다. 하지만 그런 사람이 실제로 존재한다면 그는 곧바로 정신 병원으로 보내어지고 말 것입니다.

아닌 게 아니라 정신 병원에 가 보면 개성적인 사람들이 넘쳐납니다. 내가 아는 어떤 환자는 날마다 하얀 벽에 대변으로 자신의 이름을 씁니다. 그것을 예술적 창조 행위로 본다면 굉장한 일일지도 모릅니다. 아마 현대 예술 세계에서도 아직 아무도 도전하지 않은 장르임이 분명합니다. 그러나 현실적으로는 곤란하기 짝이 없습니다.

그렇게 불 보듯이 뻔한 일인데도 '개성을 길러라', '독창성을 발휘하라'와 같은 무책임한 말을 하는 까닭을 잘 모르겠습니다. 우리가 속한 이 좁은 사회에서 정말로 그런 일이 가능한가요?

혼잡한 대중목욕탕에서 독창성을 발휘하면 곤란하다고 나

는 늘 말합니다.

그런 상황을 고려하지 않은 채 오로지 개성만 미화하는 주장은 거짓이라고 생각하는 것이 '상식'이 아닐까 싶습니다.

입으로는 개성이 소중하다고 말하면서 실제로는 주위 사람의 안색을 열심히 살피는 것이 오늘날 우리의 모습입니다. 그렇다면 먼저 그런 현실을 인정하는 데서부터 모든 것이 시작되어야 할 것입니다. 개성도 독창성도 그다음입니다.

매뉴얼
인간

'개성'을 발휘하라고 강요받는 사람이 비단 어린이만은 아닙니다. 학자의 세계도 마찬가지입니다. 학문의 세계에서는 너도나도 개성을 외치면서 한편으로 논문은 반드시 영어로 쓰라고 강요합니다.

학술 논문에는 '재료와 방법'이란 칸이 있습니다. 논문을 쓸 때는 그 언어도 '방법'의 기초일 겁니다. 그런데 학자의 세계에서는 대개 영어를 공통어로 삼고 그것을 사용하라고 요구합니다. 거기에 무슨 개성이 있다는 것인지 모르겠습니다.

물론 논문을 반드시 영어로 써야 한다는 규칙은 존재하지 않습니다. 그러나 '영어로 쓰지 않으면 평가하지 않겠다.'라고 말하는 사람이 있습니다. 애당초 누가 평가되지 않으면 안 된다고 정했는지도 모를 노릇이지만 말입니다.

요즘의 젊은이들을 보면 정말이지 불쌍하다는 생각이 듭니다. 옴짝달싹할 수 없는 '공통 이해'를 요구받는 것과 동시에 의미 불명의 '개성'을 강요받는 모순된 환경에 놓여 있기 때문입니다. 회사를 비롯한 조직은 철저히 '공통 이해'를 강요하면서도 입으로는 개성을 발휘하라고 외칩니다. 대체 어떡하란 말이냐고 절규하는 것도 무리가 아닙니다.

요컨대, '조직이 원하는 개성'을 발휘하라는 모순된 요구에 직면한 것입니다. 조직이 기대하는 틀에 박힌 '개성'만을 요구하다니, 정말 어처구니없는 일입니다.

아이러니하게도 이런 모순된 요구의 결과로 파생된 것이 바로 '매뉴얼 인간'입니다. 매뉴얼 인간이란 '나는 개성 따위 주장할 생각이 없지만, 매뉴얼만 준다면 거기에 따라 뭐든지 하겠다.'라고 말하는 인종입니다. 이것은 언뜻 보기에는 겸손한 것 같지만 사실은 매우 오만불손한 태도입니다. 자신은 본래 다른 사람들과는 다르지만, 상대방이 매뉴얼, 즉 일반적인 룰을 제시하면 그게 무엇이든 해 보일 수 있다는 뜻이니까요. 이런 사람은 자신을 상당히 전인적인 인간, 즉 모든 면에서 균형이 잡혀 있고 무슨 일에든 대응할 수 있는 인간이라 생각하는 것 아닐까요.

나 자신은 도저히 매뉴얼 따위에 맞출 수도 없고 그런 것을 읽어 볼 생각도 전혀 없습니다. 그러나 막상 일을 해 나가면 어떤 순서로 해야 하는지는 자연스럽게 알게 됩니다.

곤충 표본을 만들다 보면 곤충의 몸에서 교미 기관을 빼내야 할 때가 있습니다. 그럴 경우 바싹 마른 곤충의 교미 기관을 일단 원상태대로 부드럽게 되돌려 놓으면 쉽게 빼낼 수 있습니다. 원래는 갓 잡은 상태에서 빼내는 것이 가장 좋습니다. 그렇게 하면 흔적도 없이 말끔히 빠져서 나중에 원상 복귀를 할 수도 있습니다. 그래서 곤충을 잡으면 그 자리에서 빼내는 작업을 합니다. 이 작업에는 가정에서 세탁할 때 사용하는 표백제를 사용하면 매우 편리한데 그것 또한 경험으로 알게 되었습니다.

이런 식의 매뉴얼은 어디에도 존재하지 않습니다. 하지만 이렇게 하지 않으면 안 된다는 것은 압니다. 그리고 굳어진 곤충을 부드럽게 하는 방법 또한 일하는 동안 경험으로 알게 되었습니다.

'개성'을
발휘한다는 것

만일 내가 매우 개성 있는 사람으로, 지극히 개성적인 의견을 남에게 피력하려고 하는 경우를 생각해 봅시다.

그 경우 나 자신에게만 적절한 언어로 말을 걸면 아마 아무도 귀를 기울이지 않을 겁니다. 자연 과학과 관련해 말한다면 지금은 가장 적절한 언어가 영어라고 생각하므로 나는 당연히 영어로 자연 과학에 관해 이야기할 것입니다.

하지만 그랬다가는 일본인 중 그 누구도 내게 귀를 기울이지 않겠죠. 가령 페르시아어로 말하는 것이 가장 적절하다고 여겨 강연회에서 페르시아어로 떠든다면 청중은 단 한 명도 남지 않을 것이고, 사람들은 나를 단상 위가 아니라 구급차의 들것 위에서 발견하게 될지도 모릅니다.

거듭 말하지만, 본래 인간의 의식은 철저히 공통성을 추구합니다. 공통성을 철저히 확보하려고 언어의 논리와 문화 전통 같은 것이 존재합니다.

인간의 뇌에서도 특히 의식을 관장하는 부분은 개인 간의 차이를 무시하고 서로 같아지려는 성질이 있습니다. 그렇기 때문에 언어에서 추출된 논리는 그 설득력이 압도적입니다. 논리에 반하는 일은 애당초 불가능합니다.

마쓰이, 이치로, 나카타

뇌가 그토록 철저히 공통성을 추구한다면 '개성'은 과연 어디에 존재할까요? 내게도 여러분에게도 개성은 처음부터 있었습니다.

예를 들어 내 피부를 떼어 여러분의 피부에 이식해도 절대 달라붙지 않습니다. 아버지의 피부를 자식에게 이식해도 마찬가지입니다. 억지로 붙이려면 반드시 면역 억제제를 사용해야 합니다.

피부 하나만 봐도 알 수 있듯이 '개성'은 애당초 우리에게 주어진 것으로, 그 이상도 그 이하도 아닙니다.

나를 낳아 준 부모와도 그렇게 다르니 그 누구와도 다르다고 말하지 못할 이유가 어디 있을까요.

그런데 의식의 세계는 그와는 반대로 서로 통하는 것을 중심으로 하여 형성되어 있습니다. 인간이란 원래 통하지 않는 존재임이 분명합니다. 그래서 아랍과 이슬람의 사고방식은 이해하지만 그 개별성을 표면에 드러낼 경우 다른 문화와 충돌하고 마는 것입니다.

이렇게 볼 때 젊은이들을 가르치는 교육 현장에서는 개성을 기르라는 바보 같은 말은 하지 않는 게 좋습니다. 그보다는 부모의 마음을 어떻게 이해할 것인지, 어떻게 하면 친구 또는 홈리스의 생각을 이해할 것인지에 관해 이야기하는 것이 훨씬 진정한 교육이 아닐까 싶습니다.

그런 점에서 지금의 교육은 물구나무서기를 하고 있다는

생각이 듭니다. 그래서 개성이 다 무엇이냐고 나는 늘 외칩니다. 당신들이 말하는 개성이란 양파의 껍질을 벗기는 일이 아니냐고 말이죠.

거꾸로, 요즘 젊은이들 중 개성이 있다고 여겨지는 사람이 누구인지 한번 생각해 보시기 바랍니다. 맨 먼저 떠오르는 이름이 야구의 마쓰이 히데키 선수와 이치로 선수, 그리고 축구의 나카타 히데토시 선수 정도입니다. 요컨대 개성적인 것은 그들의 신체입니다. 누구든 그들의 신체적 능력은 도저히 흉내를 낼 수 없다고 생각할 것입니다. 그 이외의 개성이란 존재하지 않습니다.

그들의 성공 요인에는 당연히 노력이 있겠지만, 그 이상으로 신이랄까 부모랄까, 여하튼 선천적으로 주어진 탁월한 신체가 있었습니다. 2군에 속한 어느 선수가 이치로의 열 배로 연습한다고 해서 그를 넘어설 수는 없습니다. 우리에게는 애당초 주어진 것이 전부입니다.

4장

나는 변하지만 정보는 변하지 않는다

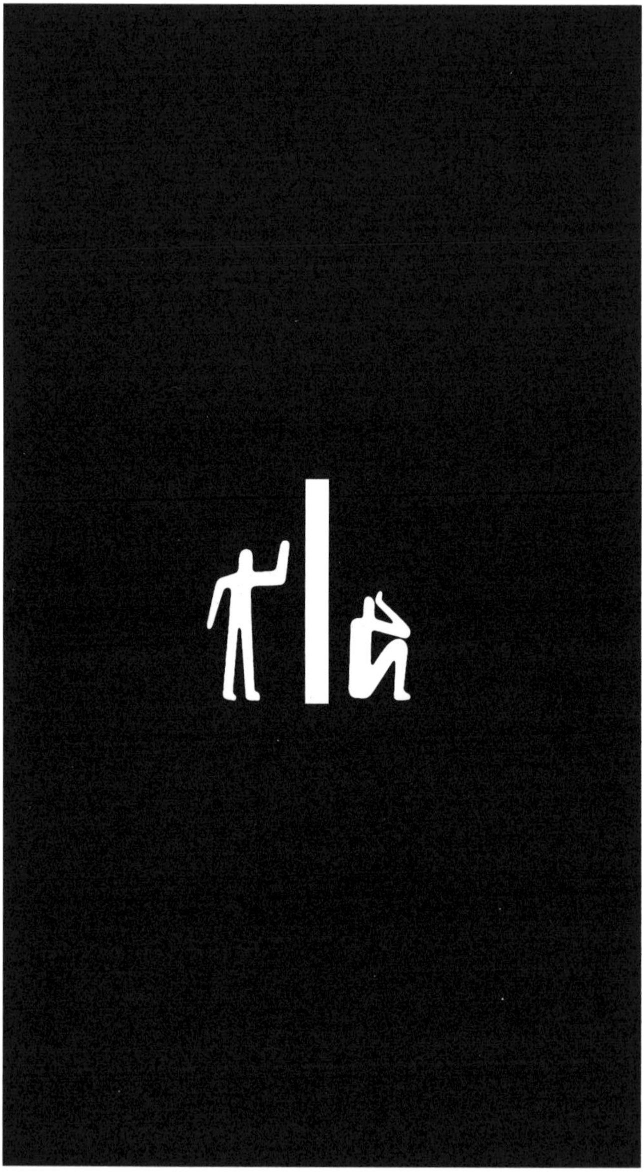

'나는 나'는
아니다

앞에서 말했듯이 '개성'은 뇌가 아니라 몸에 깃들어 있는 것이 당연한데도 우리는 이와 전혀 반대로 이해하고 있습니다. 그리고 이와 매우 비슷한 착각을 '정보'에 관한 인식에서도 찾아볼 수 있습니다.

흔히들 정보는 시시각각 변하지만 그것을 받아들이는 인간은 변하지 않는다고 생각합니다. 정보는 매일 바뀌지만 자신은 바뀌지 않고, 자신은 언제나 '개성'이 있다는 사고방식입니다. 그러나 이것 또한 실은 반대입니다.

조금만 생각해 봐도 알 수 있는 일인데, 우리는 날마다 변화합니다. 헤라클레이토스도 '모든 것은 변화한다'라고 말했습니다. 인간은 심지어 잠자는 사이에도 성장하거나 노화하므로 쉬지 않고 변화한다고 할 수 있습니다.

어제 자기 전의 '나'와 오늘 일어난 후의 '나'는 명백히 다른 사람이고, 작년의 '나'와 올해의 '나'도 다른 사람입니다. 그러나 아침에 일어날 때마다 거듭났다고 실감하지는 못합니다. 이것은 뇌의 작용 때문입니다.

뇌는 우리가 사회생활을 순조롭게 영위하도록 '개성'이 아니라 '공통성'을 추구합니다. 이와 마찬가지로 '자기 동일성'을 추구하는 작업이 우리 각자의 뇌 속에서 매일 일어나고 있습니다. '나는 나'라고 믿게 되는 것은 바로 그 결과입니다. 그렇게 하지 않으면 매일 아침 일어날 때마다 다른 사람이 되어 그 누구도 정상적인 사회생활을 영위할 수 없습니다.

그렇다면 변하지 않는 것은 무엇일까요. 실은 '정보'야말로 변하지 않습니다. 헤라클레이토스는 이미 이 세상 사람이 아니지만, 그가 남긴 '모든 것은 변화한다'라는 말은 그리스어 그대로 단 한 마디도 변하지 않은 채 지금까지 남아 있습니다. 만일 그에게 "당신이 말한 '모든 것은 변화한다'라는 말은 변했습니까?" 하고 물으면 과연 그는 뭐라고 대답할까요?

이처럼 영원히 남는 말을 정보라고 부릅니다. 정보는 절대로 변하지 않습니다. 내가 인터뷰에 응할 때, 같은 상대에게 똑같은 질문을 받아도 말할 때마다 그 내용은 조금씩 변합니다. 그러나 내 말을 담은 녹음테이프의 내용은 변하지 않습니다. 이것이 바로 생명체와 정보의 차이입니다.

자기의
정보화

생명체란 끊임없이 변화하는 시스템이지만 정보는 그대로 머물러 있다고 말했습니다. 모든 것은 변하지만, '모든 것은 변화한다'라는 말은 변하지 않습니다. 즉 정보는 변하지 않습니다.

변하지 않는 것을 정보라고 부르는데, 옛날 사람들은 그것을 착각해 진리라고 불렀습니다. 진리는 움직이지 않고 변하지도 않는다고 생각한 거죠. 사실은 그렇지 않습니다. 변하지 않는 것은 정보이고, 인간은 변한다는 사실을 의식해야 합니다.

현대 사회를 '정보화 사회'라고 일컫습니다. 이것을 바꿔 말하면 의식 중심 사회, 뇌화(腦化) 사회라고 할 수 있습니다.

의식 중심이란 말은 무슨 의미일까요? 그것은 실제로는 시시각각 변화하는 생명체인 나 자신이 '정보화'하고 있는 상태를 가리킵니다. 의식은 자기 동일성을 추구하므로 '어제의 나와 오늘의 나는 같은 사람이다', '나는 나다'라고 계속 외칩니다. 이렇게 해서 탄생한 것이 '근대적 개인'입니다.

근대적 개인이란 스스로를 정보로 규정하는 존재를 말합니다. 실제로는 끊임없이 변화하며 생로병사를 안고 사는데, '나는 나'라는 동일성을 주장하는 순간 자기 자신을 불변의 정보로 바꾸어 버립니다.

그래서 인간은 '개성'을 주장할 수 있는 것입니다. 자신에게는 변하지 않는 특성이 있다, 그것은 내일도 모레도 변하지 않는다, 하고 말입니다. 그런 사고방식 없이는 '개성은 존재한다'라고 말할 수 없을 것입니다.

고전 속의 개성

뇌화 사회를 살아가는 우리와 달리 옛날 사람들은 그런 바보 같은 착각을 하지 않았습니다. 왜냐하면, 개성이라는 것 자체가 변화한다는 사실을 알았기 때문입니다.

고전을 읽다 보면 인간은 늘 변화하는 존재이며 개성 또한 늘 일치하지는 않는다는 사상이 반복적으로 나옵니다. 『헤이케모노가타리(平家物語)』(일본 가마쿠라 막부 초기의 전쟁을 다룬 이야기책-편집자)가 그 한 예입니다.

"기원정사의 종소리는 제행무상의 울림이다."

이 한 문장만 봐도 그렇습니다. 종소리를 물리학적으로 분석하면 그 울림은 늘 똑같습니다. 그런데 어찌 된 영문인지 우리 귀에는 종소리가 때에 따라 다르게 들립니다. 그 이유는 인간이 끊임없이 변하기 때문입니다. 듣는 사람의 기분에 따라 종소리는 다르게 들립니다. 이 구절은 사실 그것을 말하고 있습니다.

『호조키(方丈記)』의 서두 또한 마찬가지입니다.

"강물의 흐름은 끊이지 않으며, 그 물은 원래의 물이 아니다. 세상의 인간도 그 삶도 이와 같다."

강물이 흐른다는 사실은 '정보'로서 변하지 않지만, 강을 구성하는 물은 볼 때마다 다른 물이다, 인간도 세상도 이와 똑같으니 한마디로 모든 것은 변한다, 라는 이야기입니다.

중세의 대표적인 명작 두 편이 모두 그 서두에서 같은 세계관을 표출합니다. 이것은 중세가 발견한 기본적인 개념이 그렇다는 것을 말해 줍니다.

그렇다면 중세 이전에는 어땠을까요. 일본의 중세 이전 시기인 '헤이안' 시대는 도시의 세계였습니다. 인간이 머릿속에서 그린 바둑판과 같은 도시가 형성되어 있었습니다. 지금의 우리와 매우 흡사했죠.

그런 시대였다면 '나는 나, 변하지 않는 존재다'라는 사고방식이 자리 잡았을 법도 한데 사실은 그렇지 않았습니다. "천하가 모두 나의 것이니 저 둥근 달처럼 모자람이 없구나." 라고 외쳤던 후지와라노 미치나가(藤原道長. 일본 헤이안 시대의 귀족이자 정치가로, 그의 딸 4명이 천황과 혼인하는 등 당대 최고의 권력을 누렸다.-편집자)도 그 권력이 영원할 것 같았지만 결국 만년에 병을 얻어 머리를 깎고 출가했고 60대 초반의 나이에 숨을 거두고 말았죠.

모든 것은 변하고, 인생도 그렇습니다.

'군자표변'은 욕인가

얼마 전 강연을 할 때의 일입니다. 대기실에 함께 있던 중년 남자 하나가 "저는 군자표변이라는 말이 욕인 줄 알았습니다."하고 말하는 것이었습니다. 물론 그렇지 않습니다.

'군자표변'이라는 말은 '군자는 잘못을 깨달으면 즉시 바로잡아 선으로 향한다'라는 의미입니다. 그런데 왜 그는 그런 착각을 했을까요. 그 이유는 인간은 변하지 않는다는 생각이 전제되어 있었기 때문입니다. 갑작스럽게 바뀌다니, 그래서는 안 된다고 생각한 거죠. 현대인으로서는 당연한 사고방식인지도 모르겠습니다.

『삼국지』에는 '남자는 사흘을 만나지 않으면 눈을 비비고 살펴봐야 한다.'라는 말이 나옵니다. 사흘을 만나지 않으면 사람은 얼마나 변했을지 알 수 없으니 눈을 똑바로 뜨고 자세히 보아야 한다는 뜻입니다. 그러나 인간은 변하지 않는다고 생각하는 현대인에게는 통용되지 않는 얘기입니다.

어느 사이엔가 변하는 것과 변하지 않는 것이 뒤바뀌어 버렸고, 그런 사실을 아는 사람도 드문 세상이 되었습니다. 일단 돈을 주고 산 주간지는 언제까지고 그대로입니다. 그 내용은 일주일이 지나도 바뀌지 않습니다.

정보가 매일 달라진다는 생각은 착각으로, 주간지의 경우 단지 매주 최신호가 나올 따름입니다.

19세기에 이미 도시화와 사회의 정보화가 이루어진 서양에서는 일찌감치 이 이상한 현상에 눈을 돌린 사람이 있었습니다. 그는 바로 카프카로, 그의 소설 '변신'이 그러한 주제를 다루었습니다.

주인공 그레고르는 아침에 눈을 떠 보니 벌레가 되어 있었습니다. 그런데도 그의 의식은 여전히 '나는 잠사다.'라고 생각합니다.

실상과는 정반대로 '변하지 않는 인간과 변하는 정보'라는 사고방식이 통용되는 현대 사회의 부조리, 그것이야말로 이 소설의 테마입니다.

알면
죽는다

학생들을 가르치다 보면 절실히 느끼게 되는 것이 있습니다.

그들은 공부를 하지 않을뿐더러, 공부한다는 행위의 의미를 생각해 본 적이 거의 없다는 점입니다.

공부한다는 것과 안다는 것은 최소한 평행한 관계입니다. 공부한다는 것과 안다는 것이 동의어는 아니지만 매우 밀접한 관계가 있는 것만은 분명합니다.

그런데 언제부터인가 안다는 것의 의미나 접근 방식이 어딘가 모르게 달라진 것 같다는 생각을 지우기 어렵게 되었습니다.

나는 도쿄대를 그만두기 직전까지 도쿄대 출판회의 이사장으로 일했습니다. 그때 가장 많이 팔린 책이 『지(知)의 기법』이라는 것이었습니다. 지식을 얻는 데도 일정한 매뉴얼이 있다는 식의 내용이 도쿄대의 교양 교과서에 실려 있었던 것입니다.

마음에 들지 않았습니다. 그래서 왜 이런 책이 팔리는지를 출판회의 토론 주제로 삼아 보았습니다. 그러나 해답은 얻어지지 않았습니다. 나 말고는 아무도 그것을 문제 삼는 사람이 없었기 때문입니다.

그 후 내 나름으로 생각해서 내린 결론은 '안다는 것은 근본적으로 암 선고와도 같은 것이다'라는 것이었습니다. 학생들에게는 "여러분도 암에 걸릴 수 있습니다. 치료법도 없는 암에 걸려 앞으로 반년밖에 못 산다는 선고를 받을 수도 있습니다. 그러면 저기 피어 있는 벚꽃이 달라 보일 겁니다."라고 말해 보았습니다.

이해하기 쉬운 얘기여서인지 그제야 학생들에게도 그 의미가 통했습니다. 그들에게도 그 정도의 상상력은 있었던 것입니다.

벚꽃이 전과 다르게 보이는 순간, 작년까지 어떤 생각으로 그 벚꽃을 바라보았는지를 떠올려 보라, 아마도 기억나지 않을 것이다, 그렇다면 벚꽃이 작년과 달라졌는가, 그렇지 않다, 자신이 달라졌을 따름이다…….

안다는 것은 그런 것입니다.

안다는 것은 자신이 완전히 바뀌는 일입니다. 따라서 세상이 완전히 달라져 버립니다. 사물을 바라보는 방식이 바뀝니다. 설령 그것이 어제까지와 똑같은 세상일지라도 말입니다.

'아침에
도를 들으면……'

옛날 사람들은 배운다는 것, 학문을 연마한다는 것을 그런 식으로 생각했습니다. 그래서 군자가 표변한다고 한 것입니다.

그런 생각을 가장 잘 드러낸 문장이 『논어』에 나옵니다.

'아침에 도를 들으면 저녁에 죽어도 좋다.'

도를 듣는다는 것은 배우고 익혀서 뭔가를 알게 되는 것을 뜻합니다.

아침에 배우고 익혀서 뭔가를 알게 되면 저녁에 죽어도 좋다니, 터무니없는 말이라고 여겨질지도 모르겠습니다. 나 역시 젊은 시절에는 이 말의 뜻을 전혀 이해하지 못했습니다. 그런데 안다는 것에 관해 생각하는 사이에 깨달았습니다.

요컨대, 암 선고를 받으면 벚꽃이 다르게 보인다는 것은 자신이 다른 사람이 되었다는 뜻입니다. 작년까지 자신이 벚꽃을 보고 무슨 생각을 했는지 기억나지 않습니다. 즉, 이전까지의 자신은 죽고 거듭 태어난 것입니다.

이런 일이 반복되다 보면 어느 날 아침 또 한 번 자신이 완전히 바뀌어 세상이 달라 보인다든가 저녁에 갑자기 죽는다 해도 새삼 놀랄 일이 아닙니다. 과거의 자신은 끊임없이 소멸하고 새로운 내가 태어나니까요.

애초에 인간이란 늘 변화하는 존재입니다. 그러니 뭔가를 알고 거듭나는 경험을 수도 없이 되풀이한 인간에게 죽음이란 특별한 의미가 없습니다. 실제로 과거의 자신은 죽고 없으니까요. 공자의 말은 바로 그런 의미라고 생각합니다.

그러나 아마도 요즘 사람들은 '아침에 도를 들으면……'을 거의 이해할 수 없을 겁니다. 자신은 변하지 않고 정보가 변한다고 생각하니 말입니다.

그 좋은 예가 이름입니다. 현대 사회에서는 이름을 함부로 바꿀 수 없지만 옛날에는 아명에서 시작해 어른이 되어 가면서 빈번히 이름을 바꾸었습니다. '명실(名實) 공히'라는 말이 그러한 상태를 잘 표현해 줍니다. 즉, 인간 자체가 변화하는 존재라는 전제가 있으니 이름도 본인의 성장에 따라 변하는 게 당연했던 겁니다. 다섯 살의 나와 스무 살의 나는 다르니 이름이 바뀐다 해도 이상할 것이 없습니다.

그러다가 사회 제도가 고정되고 사회적 역할이 고정되어 가면서 이번에는 '습명(襲名)'이 등장합니다. 아버지가 하던 일을 그대로 물려받으면 아버지와 같은 이름을 사용하는 것이 사회적으로 훨씬 편리합니다. 가부키의 세계에서 '기쿠고로'라는 이름이 대를 이어 등장하는 것도 같은 이치입니다.

그러나 그런 전제가 바뀌면서 우리의 일상생활도 변해 왔습니다. 예를 들어 '약속'에 대한 감각도 근본적으로 달라졌습니다.

무사는
두말하지 않는다

만일 현대인에게 '인간은 변한다'라는 사실을 가르쳐 주면 어떤 일이 벌어질까요. '어제 돈을 빌린 사람은 내가 아니다'라며 본인이 편리한 대로 써먹을지도 모르겠습니다.

빌리는 일에는 돌려준다는 약속이 전제되어 있습니다. 그리고 약속을 지키는 것은 사회에서 가장 존중되어야 할 규칙입니다.

인간은 변하지만 말은 변하지 않습니다. 정보는 변하지 않으므로 약속은 절대적인 존재입니다. 그러나 요즘은 약속을 가볍게 여깁니다.

이것 또한 '뒤바뀜'의 징표입니다. 변해야 할 것은 변하지 않고, 변하지 않아야 할 것이 변하고 만 것입니다.

그래서 초등학교 선생님도 약속을 꼭 지켜야 한다고 가르치지 않고, 어린아이들도 친구들끼리 약속을 말하지 않습니다. 새끼손가락을 걸고 약속하는 모습을 보기 힘든 것도 무리가 아닙니다.

어른의 사회를 보면 조금 더 이해하기 쉽습니다. 정치가들은 공약 따위를 약속으로 여기지 않으므로 거짓말을 밥 먹듯이 합니다. 따라서 유권자들도 정치가의 말을 '언제든지 바뀔 수 있는 것'으로 이해합니다. 이것은 정보가 변한다는 착각으로 인해 약속을 가볍게 여기게 된 가장 대표적인 사례입니다. 정치가는 그때그때 상황에 따라 성심성의껏 공약을 내세우지만, 한편으로 거기에 얽매여서는 안 된다고 생각합니다. 자신이 한 말은 어차피 '정보'에 지나지 않으니 변하는 게 당연하다는 거죠. 대신 선거에서 당선된 '자기 자신'은 변하지 않는 존재이므로 그래도 된다는 겁니다.

인간이 변하는 것은 당연합니다. 그래서 옛날에는 '무사는 두말하지 않는다'라고 말했던 겁니다. 무사의 입이 무거웠던 이유는 폼을 잡기 위해서가 아니었습니다. 말을 함부로 내뱉었다가는 큰코다치기 때문이었죠. 섣불리 약속했다가 지키지 못하면 목숨이 위태로웠습니다. 요컨대 책임을 중하게 여기는 사람일수록 입이 무거웠습니다. 그래서 '윤언여한(綸言如汗. 땀이 다시 몸속으로 들어갈 수 없듯이 한번 내뱉은 임금의 말도 되돌릴 수 없다.)'이라는 말도 있었습니다.

약속이나 말이 가벼워진 이유는 인간이란 변하지 않는 존재이니 그가 하는 말도 달라질 리 없다는 전제가 어느새 성립되어 버렸기 때문입니다.

케냐의
노래

언어, 즉 정보는 변해도 인간은 변하지 않는다는 전제가 성립된 결과 정보보다는 인간 쪽에 더 무게를 두는 경향이 생겨났습니다. 무의식이라는 것은 이런 식으로 우리도 모르는 사이에 우리를 점령합니다. 그래서 전제가 바뀌면 그 뒤에 오는 사람들은 전제가 바뀌었다는 사실을 의식조차 못합니다.

케냐의 '투르카나'라는 부족이 사는 마을을 취재하러 간 적이 있습니다. 본격적으로 취재하기 하루 전날에 PD가 옥수수 세 부대와 담배 3킬로그램을 가져가기로 약속했습니다. 그리고 실제로 그는 다음 날 약속대로 물건을 가지고 갔습니다.

가 보니, 마을에는 성인 남자가 보이지 않았습니다. 유목민이라서 모두가 소를 몰고 산으로 간 것입니다. 남아 있는 사람은 할아버지와 할머니, 아이들뿐이었습니다. 그들이 노래와 춤으로 우리를 크게 환영했습니다. 나는 통역에게 그들이 부르는 노래를 번역해 달라고 부탁했습니다.

그 내용은 이랬습니다.

"저번 선거에서 당선한 사람은 이것도 하겠다 저것도 하겠다 약속만 잔뜩 하고 아무것도 하지 않네. 어제 선물을 가져오겠다고 약속한 손님은 제대로 약속을 지켰네."

우리가 보기에는 아직 자연에서 생활하며 도시화되지 않은 듯한 그들의 세계마저 약속의 개념이 이미 우리와 다를 바 없게 된 것입니다. 뇌화(=도시화)가 온 세상에 퍼졌습니다.

공통 의식의 시차

세상이 왜곡된 이유 중 하나는 전제가 뒤바뀌었다는 것을 자각하지 못하기 때문입니다. 나는 이것이 의식 중심의 세계이기 때문에 벌어진 상황이라고 생각합니다.

살아 있는 인간은 늘 변하는 법임에도 자기 자신은 불변의 존재라고 우기는 것이 우리 인간입니다. '개성 존중'이라는 말도 거기서 유래했습니다.

의식의 세계나 마음의 세계는 그것이 감정이든 논리든 상호 공통성을 전제로 합니다. 그것이 우리가 서로 대화를 나누거나 설명을 하는 이유입니다. 따라서 의식의 세계에 개성을 끌어들이면 매우 곤란합니다.

물론 공통성을 추구한다고 해도 그 시대의 인간이 일제히 똑같은 의식을 지니게 되지는 않습니다. 거기에는 반드시 시차가 존재합니다.

모차르트가 처음으로 음악을 발표했을 때는 이것도 음악이냐는 비판이 있었다고 합니다. 당시로서는 최첨단이었기에 모두에게 그 즉시 이해받지는 못했던 것입니다.

그러나 모차르트의 음악은 그 후 서양 음악의 일종의 상징으로 자리 잡았습니다. 시간만 지나면 온전히 이해될 만한 존재였던 거죠. 그런 것들은 속도가 빠르냐 느리냐의 문제일 뿐 결국은 공유됩니다.

의식에서는 공유되는 것이 무엇보다 소중합니다. 그에 반해 개성을 보장하는 것은 신체입니다. 의식과 대비된다는 의미에서 신체를 무의식이라고 일컬어도 좋을 것입니다.

그러나 지금 사람들은 꿈에도 그런 생각은 하지 않습니다. 오히려 그와는 정반대로 의식의 세계야말로 개성의 원천이라 여깁니다. 그렇다면 마쓰이 선수나 나가시마 감독(長嶋茂雄. 일본 요미우리 자이언츠의 야구 선수 출신으로 일본 야구 국가 대표 팀 감독을 역임-편집자)의 개성은 어떻게 설명해야 할까요. 개성이 의식에 깃들어 있다고 여기니까 나가시마 씨에게 자꾸 말을 하도록 시키는 겁니다. 하기야 그의 경우 말하는 것도 개성적이기는 하지만요.

개성보다
소중한 것

현대 사회가 간과하고 있지만, 이것이야말로 '벽'을 만드는 커다란 문제점이라고 생각합니다. 인간은 변하지 않는다는 그릇된 대전제, 그리고 그것을 자각하지 못한다는 점 말입니다.

본래 그런 정도는 누구라도 쉽게 알아차릴 수 있습니다. 지금도 일본의 학교는 국어 시간에 『호조키』나 『헤이케모노가타리』 같은 것들을 가르칩니다. 그러나 정작 가르치는 교사들이 그 의미를 제대로 모릅니다.

옛날 사람들은 그것을 의식했다기보다 이미 체화되어 있었습니다. 그래서 어렵게 따지고 생각하지 않아도 당연하게 받아들였습니다. 마치 요즘 사람들이 '정보는 날마다 변하지만 나 자신은 변하지 않는다', '개성이 있는 건 당연한 일이다'라고 여기는 것과 마찬가지죠. 당연하다고 여기던 것들이 실은 점점 변해 갑니다.

물론 '나는 나'라는 사고방식에도 어느 정도의 진실성은 깃들어 있습니다. 나라는 존재는 죽을 때까지 하나의 개체이며, 그런 점에서 '나는 나'입니다. 유전자도 평생 바뀌지 않습니다. 그러니 똑같은 나라고 주장해도 틀린 말은 아닙니다.

그러나 인간과 정보, 양자의 본질적인 특성을 비교할 때 크게 보아 어느 쪽이 변하지 않느냐고 묻는다면 그 대답은 명확합니다. 그러므로 젊은이들에게 개성을 기르라고 말하기보다는 다른 사람의 마음을 이해하도록 노력하라고 말해야 한다는 것입니다.

오히려 있는 그대로 내버려 두는 편이 더 개성적일 수 있다는 것을 알아야 합니다. 남들과 똑같아지는 일에 신경을 쓸 필요는 없습니다.

'너는 그 누구와도 다른 사람이야.'라고 말해 주면 됩니다. 일란성 쌍둥이나 '킨 상, 긴 상'(일본의 유명한 쌍둥이 할머니 탤런트-편집자)이 아닌 이상 얼굴이 완전히 다르니까 다른 사람으로 착각할 일이 없습니다. '나의 개성은 무엇일까'라며 쓸데없이 걱정할 필요가 없다고 젊은이들에게 알려 주어야 합니다.

그보다, 부모의 마음을 모르고 친구의 마음을 모르는 것이 일상적으로는 더 중요한 문제입니다. 이것은 그대로 '상식'의 문제로 연결됩니다.

뻔한 일 아닐까요? 그런 문제를 방치한 채 개성을 주장한들, 그런 세상에서 개성을 발휘하며 살아간들 무슨 의미가 있을까요.

타인을 알지 못하고는 살아갈 수 없습니다. 사회라는 것은 공통성 위에 성립되는 존재입니다. 나만 다른 행동을 해서는 용납되기 힘듭니다. 당연한 이야기입니다.

의식과
언어

의식이 자기 동일성이나 공통성을 추구한다는 사실을 대표하는 사례가 언어라는 것은 앞에서 이미 말했습니다. 특히 옛날 서양에서는 이 문제가 그리스 철학 시절부터 논의되었습니다.

우리가 이해하기 어려운 '정관사와 부정 관사의 차이', 즉 'the'와 'a'의 차이로도 그것을 쉽게 알 수 있습니다. 의식의 공통성과 관련해 이번에는 뇌가 언어를 어떤 식으로 처리하는지 살펴보겠습니다.

예를 들어, '사과'라는 단어를 생각해 보죠. 사람들에게 '사과'라는 단어를 써 보라고 하면 그 글씨체가 모두 다릅니다. 당연합니다. 내 글씨와 다른 사람의 글씨는 다릅니다.

활자도 명조니 고딕이니 하며 서체가 다르고, 같은 활자라 해도 확대해 보면 종이의 섬유가 비어져 나온 경우도 있고 잉크의 번짐이 미묘하게 다르기도 합니다. 그러므로 '사과'라는 글자는 모두 다르다고 할 수 있습니다.

그렇다면 올바른 '사과' 글자라는 것이 과연 있을까요? 그런 건 존재하지 않습니다.

음성 역시 마찬가지입니다. 올바른 영어 발음에 관해 이러니저러니 말들을 하지만, 그러면 진짜 올바른 영어 발음을 해 보라고 한들 그것은 그 사람의 발음일 뿐입니다. 심지어 원어민들의 발음도 사람마다 각자 다르죠.

또한 같은 사람이 같은 '사과'라는 단어를 매번 똑같이 발음하려고 아무리 애써도 잉크가 번지는 것과 마찬가지로 어딘가 모르게 다릅니다. 그런데도 우리는 그것을 똑같이 '사과'로 알아듣습니다.

내가 아는 한 이 문제를 처음으로 언급한 사람은 플라톤입니다. 그는, 사과라는 말이 포괄하는 사과의 성질을 모두

갖춘 완전무결한 사과가 있는데 그것을 '사과의 이데아'라고 부른다고 말했습니다. 그리고 구체적인 개개의 사과는 그 '이데아'가 불완전하게 이 세상에 실현된 것이라고 했습니다. 즉 언어는 의식 그 자체에서 파생한 존재라는 겁니다.

플라톤이 주장하는 바를 알기 쉽게 말하면 이런 것입니다.

"사과는 하나같이 모두 다르다. 그런데 그렇게 서로 다른 사과들을 똑같이 '사과'라고 부르는 이상 거기에는 모든 사과를 포괄하는 뭔가가 있어야 한다."

이 포괄하는 개념을 그는 '이데아'라고 정의했습니다.

플라톤은 이처럼 모든 것을 포괄하는 개념을 생각했습니다. 그렇다면 우리가 사과라는 단어를 문자로 써도, 음성으로 발음해도 모두 다른데 그것을 똑같이 사과라고 인식하는 이유는 무엇일까요.

그것은 우리가 의식 속에서 그것들을 모두 동일한 존재로 인식하기 때문입니다.

본래대로라면 우리가 바깥 세계를 감각으로 음미하는 한 모든 것이 제각각 다르게 느껴져야 합니다. 사과도 하나하나 모두 다릅니다. 글자도 그렇고 인간도 그렇습니다.

그렇게 보면 제각기 다른 인간을 '인간'이라는 단어로 똑같이 불러서는 안 됩니다. 엄밀히 생각할 때 모두가 다르니까요.

뇌 속의
'사과 활동'

그러면 어째서 의식은 그런 것을 무시하고 제각기 다른 사과를 모두 '사과'로 인식하는 기능을 갖게 되었을까요? 그것은 뇌가 각 정보의 동일성을 인식하지 못하면 이 세상은 산산이 조각나 버리기 때문입니다. 귀를 통해 인식한 세계와 눈으로 본 세계가 달라서는 아무것도 성립되지 않습니다. 그래서 뇌, 즉 의식은 그것을 같은 '사과'라고 인식하지 않으면 안 되는 것입니다.

사과라는 말을 듣거나 그 글자를 볼 경우, 머릿속에서는 '사과 활동'이라고 할 만한 운동이 일어납니다. '사과 활동'이란 현실의 사과를 보지 않아도 사과를 본 것과 똑같은 반응을 일으키는 활동입니다. 그것은 사과를 그림으로 그릴 때 시각야(대뇌 후두엽에서 시각을 담당하는 부분-편집자)를 조사해 보면 알 수 있습니다.

사과를 실제로 보고 있건 상상할 때건 뇌의 시각야에서는 똑같은 활동이 일어납니다. 그렇지 않다면 상상력만으로 그림을 그리는 건 불가능합니다.

즉, 사과라는 말은 바깥 세계의 사과와 뇌 속의 사과 활동을 동시에 의미합니다. 사과라는 하나의 단어에는 그런 식으로 양면성이 있습니다. 서양 언어에서 그러한 측면이 극명하게 드러나기 때문에 이것이 서양 철학에서 먼저 문제가 되었습니다.

영어에서 우리의 골칫거리였던 정관사와 부정 관사의 문제도 바로 그런 문제와 관련이 있습니다.

the와
a의 차이

'책상 위에 사과가 있습니다.'라는 말을 영어로는 'There is an Apple on the desk.'라고 합니다. 이때 인식의 흐름은 다음과 같습니다.

'책상 위에 뭔가 있고, 그것이 시각 정보로서 뇌에 들어왔을 때 나의 뇌에서 언어 활동이 일어났다. 즉 사과 활동이 일어났다.'

이때는 'an apple'입니다. 이 시점에서는 어디까지나 시각 정보로서 들어온 '빨갛고 동그란 물체'에 대해 뇌 속에서 '사과 활동'이 일어난 결과로서의 '사과'에 지나지 않습니다. 부정 관사가 붙을 때는 뇌 속에서 일어난 과정을 나타냅니다.

다음으로, 그 바깥 세계의 사과를 실제로 손으로 집어 깨뭅니다. 어쩌면 그것은 모조품일지도 모릅니다. 어쨌든 이 시점에서 그것은 드디어 실체로서의 사과가 됩니다. 영어로는 'the apple'입니다. 실체가 되면 정관사가 붙습니다. 단지 개념으로서의 사과가 아니라 내가 손으로 집은 특정한 사과입니다(실제로는 플라스틱 모조품일 수도 있습니다).

바깥 세계의 사과는 제각기 다른 특정의 사과입니다. 그러나 머릿속의 사과는 플라톤이 말한 이데아로서의 사과입니다. 머릿속은 눈에 보이지 않으므로 의식은 일단 그것들을 모두 같은 사과로 봅니다. 그런 머릿속의 사과는 불특정이겠죠. 색도 모양도 크기도, 그 무엇도 정해지지 않았습니다. 그때는 'an apple'입니다.

정관사와 부정 관사의 차이는 바로 이런 것입니다.

이번에는 플라톤에서 현대로 넘어와 봅시다. 언어학에서 이것을 지적한 사람이 소쉬르(Ferdinand de Saussure)입니다. 그는 '언어가 의미하는 바(signifiant)'와 '언어로 의미되는 것(signifie)'으로 그 개념을 설명했습니다. 알 듯 모를 듯 한 표현입니다. 일반적으로 소쉬르의 이론은 난해하다고들 합니다.

그러나 지금까지 설명에 비추어 보면 '의미하는 바'는 머릿속의 사과이고, '의미되는 것'은 실제 책상 위의 사과로 보면 될 것입니다. 소쉬르 역시 언어의 두 가지 측면에 주목한 듯합니다.

정관사는
서양 언어에만 있는가

그토록 중요한 차이가 일본어에는 존재하지 않는가 하면 그렇지 않습니다. 뇌는 기본적으로 공통성을 추구하도록 되어 있는데 일본인만 뇌 속에서 언어를 다른 식으로 처리한다는 것도 이상하지 않습니까?

당연히 일본어에도 똑같은 구별이 존재합니다. 존재하기는 하나 일본인들이 그것을 의식하지 못하는 것뿐입니다. 형식적인 문법 지식으로 무장한 전문가들이 정관사니 부정 관사니 하는 것에 얽매여 그런 차이를 못 알아봅니다.

'옛날에 할아버지와 할머니가 살았어요. 할아버지는 산에 나무를 하러 가고……' 하는 이야기는 누구라도 한 번쯤 들어 보았을 것입니다. 여기서 '할아버지와 할머니가'의 '가'와 '할아버지는 산에'의 '는'의 차이를 설명할 수 있습니까?

처음에 '할아버지와 할머니가 살았어요'라고 말할 때는 아이들에게 '네 머릿속에 할아버지와 할머니의 이미지를 떠올려라' 하고 말하는 것입니다. 특정의 할아버지와 할머니를 떠올리라는 것이죠. 아이들이 이미지를 떠올리고 난 다음 '할아버지는 산에 나무를 하러 가고'라고 이야기하면 이번에는 할아버지가 이야기 속에서 살아 움직이기 시작합니다.

이 구절에는 정관사와 부정 관사의 기능이 고스란히 들어 있습니다. 그런데도 문법학자들은 형식 문법에 얽매인 나머지 관사는 '관(冠)'이므로 반드시 명사 앞에 와야 하고 명사 뒤에 오는 '가'와 '는' 같은 것은 조사라고 주장합니다.

그러나 그런 형식을 무시한 채 기능만 보면 이 구절에 나오는 '가'와 '는'은 관사와 똑같은 기능을 합니다.

참고로 그리스어에서는 관사가 명사 뒤에 오는 경우도 있습니다.

이렇게 볼 때 플라톤이나 소쉬르의 이론은 일견 몹시 난해해 보이지만 실은 별것 아닙니다. 근본적으로는 '자기 동일성'에 관한, 즉 언어의 세계 또는 정보의 세계와 시스템의 세계에 관한 사상입니다.

신을
생각할 때

사과는 구체적으로 존재합니다. 그렇다면 추상적인 개념, 예를 들어 '신(神)'에 관해 생각할 때 뇌는 어떤 식으로 움직일까요.

인간은 유아 때는 아직 뇌 속에 프로그램이 거의 없습니다. 요컨대 유전자의 입력으로 할당된 신체의 한 부분일 뿐입니다.

예를 들어 우리가 뜨거운 주전자에 손을 댔다가 "앗, 뜨거워!" 하고 손을 움츠릴 때는 뇌를 사용하지 않습니다. 간단히 말하자면 본능이랄까 반사랄까, 그런 행동입니다. 그리고 뒤늦게 그 뜨거움이 뇌에 전달되어 뜨겁다고 외칩니다. 즉 입력에서 출력까지의 과정이 아주 단순하게 연결되어 있는 것입니다. 동물은 인간보다 그 과정이 훨씬 단순합니다. 그렇게 반사적으로 행동하는 것을 통상 본능이라고 일컫습니다.

본능이라는 단순한 입출력을 주로 하는 동물과 달리 인간의 뇌는 입력과 출력의 중간 지점에 우회로가 매우 발달해 있습니다. 눈이나 피부, 귀 같은 것은 침팬지나 인간이나 별 차이가 없습니다. 거의 같다고 해도 과언이 아닙니다. 유전자 염기 배열 또한 98퍼센트 이상 같습니다. 침팬지의 눈과 인간의 눈은 본질적으로는 아무런 차이가 없습니다. 그렇다면 시각 입력 또한 다르지 않을 것입니다.

뇌 속의
자급자족

문제는 인간의 처리 장치가 거대해졌다는 데 있습니다. 인간의 뇌는 그 크기가 침팬지 뇌의 약 세 배에 이르게 되었습니다. 그래서 대뇌가 마치 커다란 컴퓨터와 같은 기능을 하게 되었습니다. 그러자 이번에는 어떤 일이 벌어졌느냐 하면 외부의 입력에 대해 단순히 출력만 하는 것이 아니라, 외부로부터 입력이 없어도 뇌 속에서 입출력을 할 수 있게 되었습니다. 입력을 자급자족하여 뇌 속에서 정보를 빙글빙글 회전시키게 된 것입니다.

이것을 우리는 '사색'이라고 부릅니다. 하지만 이처럼 정보를 빙글빙글 회전시키기만 하는 인간은 아무리 생각을 열심히 해도 그 결과물이 없습니다. 아무짝에도 쓸모가 없는 생각인 것이죠.

이런 일은 아마도 인간에게만 벌어지지 않을까 싶습니다. 동물은 그런 태평한 짓을 하지 않습니다.

그럼 정보를 머릿속에서 회전시키는 일이 무의미하기만 하냐 하면 물론 그렇지는 않습니다. 인간의 신체는 움직이지 않으면 퇴화하는 시스템입니다. 근육이건 위장이건, 사용하지 않으면 쉬는 것처럼 보이다가 점점 퇴화해 갑니다. 뇌도 마찬가지입니다.

그러므로 거대해진 뇌를 유지하려면 때때로 움직여 주어야 합니다. 하지만 뇌가 반응할 만한 외부로부터의 입력이 늘 있는 것은 아닙니다. 그래서 뇌는 자극을 자급자족합니다.

이것을 우리는 '생각한다'라고 말합니다.

아무짝에도 쓸모는 없지만, 어쨌든 입출력을 반복하면서

뇌를 회전시킵니다. 그러지 않으면 뇌는 퇴화하고 맙니다. 의식적으로 회전시키지 않아도, 뇌가 거대해진 이상 자연히 돌아가는 겁니다.

입력이 있으면 신경 세포는 차례차례 다른 신경 세포에게 연락을 취합니다. 아마도 그래서 인간은 그렇게 쓸데없는 생각을 많이 하나 봅니다.

우상의
탄생

자, '신'으로 대표되는 추상적 개념은 이처럼 연산 장치 안에서만 빙글빙글 돌다가 만들어진 것입니다.

그러나 그것만으로는 다른 것들과 차이가 있으므로 인간은 불안을 느낍니다. 어떤 식이든 구체적인 대상이 필요합니다. 그래서 만들어진 것이 신상(神像)이니 불상(佛像)이니 하는 우상입니다.

신 외에도 인간이 머릿속에서 만들어 낸 것은 무수히 많습니다. 이것을 옛날에는 '개념'이라고 일컬었습니다. 플라톤이 말하는 '이데아'도 같은 것입니다. 이런 것들은 외부와 관계가 있기는 하지만 기본적으로 머릿속 회전의 산물입니다.

아주 간단히 말하면 신이란 인간의 진화, 또는 뇌의 진화 그 자체라고 할 수 있습니다. 그렇다면 앞으로 이 진화는 어떤 방향으로 나아갈까요? 실은 이런 문제에 대해 큰 실마리가 될 만한 실험이 이미 시작되었습니다. 물론 인간의 뇌를 거대하게 만드는 식의 난폭한 실험은 아닙니다. 그 대상은 '쥐'입니다.

'초인'의
탄생

쥐의 뇌를 인위적으로 거대화하는 실험은 이미 성공을 거두었습니다. 뇌의 주름이 많은 쥐를 만들어 내는 단계에까지 이른 것입니다.

진화의 과정에서 침팬지와 인간 사이에서도 비슷한 일이 일어났을 것이 분명합니다. 양자의 유전자는 98퍼센트 똑같으니 인간의 뇌가 침팬지 뇌의 세 배로 커진 것은 유전적 변화가 일어났기 때문일 것입니다. 그러나 그 유전자의 차이가 미미한 걸로 보아 이러한 뇌의 진화에는 극소수의 유전자만이 관여했을 것으로 보입니다.

어떤 유전자가 관여했는지도 언젠가는 밝혀지겠죠. 그렇게 되면 이번에는 그 유전자를 이용해 침팬지의 뇌를 조금 더 키워 보면 어떨까, 더 나아가 인간의 뇌를 지금의 세 배로 만들면 어떨까 하는 흥미로운 생각이 자연히 생겨날 것입니다.

그런 '초인'을 탄생시키면 어떤 일이 일어날까. 이것은 매우 흥미로운 주제입니다. 이렇게 만들어진 새로운 인간은 지금 우리와 똑같이 생각하고 느끼는 것 외에 플러스α를 가졌을 가능성이 매우 높습니다.

조금 과격한 말일지 모르지만, 그런 인간이 탄생한다면 현대인의 어떤 역할은 종지부를 찍을지도 모릅니다. 침팬지 뒤에 현대인이 온 것처럼 말입니다. 그때는 어떤 일이 벌어질까요. 그건 보통 사람인 나의 상상을 넘어서는 영역입니다. 그 '초인'이라는 녀석에게 물어보라고 대답할밖에요.

침팬지가 인간의 마음을 알 수 없듯이 우리도 플러스α의 인간을 이해할 도리가 없습니다. 우리는 우리가 알고, 생각하고, 느끼는 것에 관해서만 이해하지만 플러스α의 인간은 그 이상을 알 테니 그들에 관한 것은 그들에게 물어볼 수밖에 없습니다.

현대인+α

최초의 유인원인 오스트랄로피테쿠스는 뇌 용량이 $450cc$였습니다. 베이징 원인 단계에서는 $1000cc$, 현대인은 $1350cc$,

여기에 하나가 더 추가되면 우리 역할은 끝납니다. 인류의 진화는 자연 속에서 그렇게 흘러왔습니다.

우리가 생각하는 것 정도는 모두 생각하고, 우리가 느끼는 것을 모두 느끼고, 거기에 플러스α를 가진 존재는 무엇일까. 인간은 그런 존재를 신이라 부릅니다. 신은 전지전능한 존재이다, 그 이상을 인간은 알 길이 없습니다. 왜냐하면 플러스α이니까요.

본래 신이란 인간이 오랜 옛날부터 머릿속에 만들어 낸 존재입니다. 인간은 그렇게 머릿속에 만들어 낸 존재들을 외부에 실재하는 존재로 만드는 작업을 계속해 왔습니다.

하늘을 날고 싶다고 생각하다가 마침내 비행기에서 패러글라이더에 이르는 것들을 만들어 냈습니다. 멀리 떨어진 사람과 이야기를 나누고 싶다는 생각에 전화를 만들어 냈고, 더 나아가 화상 전화까지 만들었습니다. 컴퓨터라는 것은 뇌를 만들어 낸 것이나 다름없습니다.

자, 그렇다면 인간이 가장 오랜 시간 동안 생각해 온 것은 무엇일까. 그것은 '신'입니다. 우상으로 만족하고, 그것을 실제로 만들겠다는 생각을 안 할 리 없습니다.

그 첫걸음이 쥐의 뇌를 키우는 작업이 아닐까 합니다. 실험을 통해 만들어진 쥐는 그 몸통의 크기가 정해져 있는 상태에서 대뇌 피질만 커졌으므로 뇌의 주름이 많아졌습니다. 침팬지에서 인간으로 진화할 때 일어난 것과 똑같은 일이 쥐에게 재현된 것입니다. 사실 이 쥐는 태어나지 못한 채 태아의 단계에서 표본으로 만들어졌습니다.

그러나 인간의 자연스런 호기심이 다음번에는 그 쥐를 성장시킬 것이고, 그 행동을 관찰할 것입니다. 침팬지에게 이런 실험을 해 보면 어떨까 하는 생각도 하게 될 것입니다. 그 결과, 영화 '혹성 탈출'에 등장하는 것처럼 생김새는 원숭이지만 뇌는 인간과 똑같거나 그 이상으로 발달한 원숭이를 탄생시킬지도 모릅니다. 그리고 최종적으로는 인간에게 이런 실험을 해 보면 어떨까 하고 생각할 겁니다.

우리는 뇌 주름이 인간의 세 배인 그 플러스α라는 존재가 어떤 능력을 가질지 상상할 수 없습니다. 알 수 있는 것은 오로지 우리와 공통된 부분에 관해서일 뿐입니다. 우리에게 없는 부분에 관해서는 실제로 만들어 보지 않으면 알 도리가 없습니다.

이러한 플러스α의 인간은 그 의식 면에서 우리와는 상당히 다른 '개성'적인 존재임을 상상하기 어렵지 않습니다. 그러나 그 전제로 먼저 뇌의 크기, 즉 생물학적·신체적 '개성'이 존재할 것입니다.

5장

무의식·신체·공동체

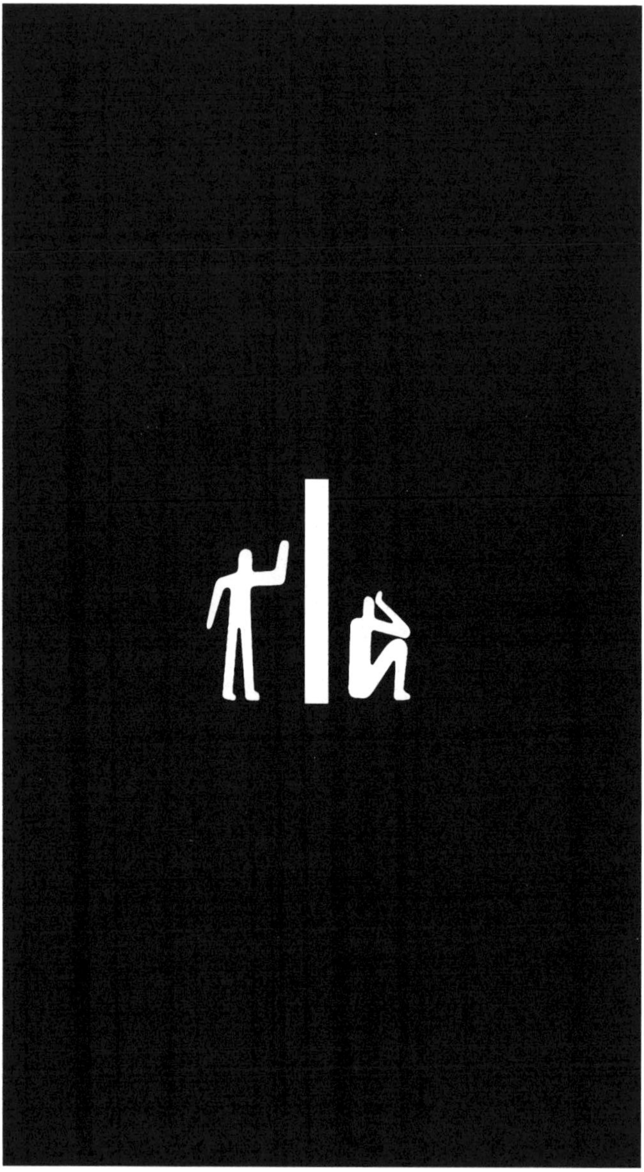

'신체'를 망각한
현대인

우리를 둘러싼 벽, 우리도 모르게 만들어진 벽에 관해서는 이미 몇 번 이야기했습니다. 현대인들은 당연하게 여기지만, 실제로 '뒤바뀜 현상'이 일어나고 있는 것은 정보에 관한 인식뿐이 아닙니다. '뒤바뀜 현상'과 밀접하게 관계 있는 것이 '무의식'과 '신체', '공동체'의 문제입니다. '의식과 무의식'은 뇌 속의 문제, '신체와 뇌'는 개체의 문제, 그리고 '공동체'는 사회의 문제입니다.

지금 그 세 분야에서 비슷한 현상이 일어나고 있습니다. 그 현상을 의식하지 못하거나 망각한 것 자체가 현대인의 문제가 아닐까 싶습니다.

전쟁 이후 우리가 생각하지 않게 된 것 중 하나가 '신체'입니다. '신체'를 망각한 채 뇌만 움직이려고 합니다. '그렇지 않다. 두통이 이는가 하면 어깨도 결리는데', '체중이 불어서 계단을 오르기 힘들다는 걸 자각한다' 하고 반박하는 분이

계실지도 모르겠습니다. 그러나 여기서 말하는 신체의 문제
는 그런 것이 아닙니다.

옴진리교와
신체

이 문제와 관련해, 우선 범죄사에서뿐 아니라 전후 사상사에
서도 큰 사건으로 여겨지는 옴진리교 사건을 예로 들어 보죠.

옴진리교는 말이 필요 없을 정도로 여러 면에서 큰 문제를
일으켰습니다. 그런데 나는 그 사건을 어떻게 받아들여야 할
지, 좀처럼 정리가 되지 않았습니다. 내가 가르치는 도쿄대
학생 중에서도 상당수가 그 사건에 관련되어 있었습니다. 언
뜻 보기에도 사기꾼 같은 교주에게 학생들이 왜 빠져들었는
지 도무지 이해할 수 없었습니다.

그러다가 다케오카 도시키(竹岡俊樹) 씨가 쓴 『'옴진리교
사건' 완전 해설』을 읽고서야 비로소 납득할 수 있었습니다.
다케오카 씨는 고고학을 전공했는데, 이 책에서 그는 고고학
의 방법론을 사용해 옴진리교 사건을 분석했습니다.

여기서 쓰인 고고학의 방법론은 교단의 출판물이나 옴에
관한 책, 신문과 잡지의 기사를 토대로 대상을 분석하는 것이
었습니다. 고고학은 후대에 남아 있는 증거만을 토대로 사실

을 재구성하는 학문이므로 옴진리교를 분석할 때도 그런 방법을 사용한 것입니다.

그는 신자나 과거에 신자였던 사람들의 수행, 또는 입문 과정에 관한 체험담을 꼼꼼히 읽었습니다. 그 결과 '그들(신자)은 아사하라 교주가 증언했던 신비 체험을 그대로 따라서 체험함으로써 확신을 얻게 되었다.'라는 결론에 도달했습니다. 즉 요가 수행이 상당한 수준에 이르렀던 아사하라는 신자들의 신체에 일어날 현상을 예언할 수 있었고, 모종의 '신비 체험'까지 이끌어 낼 수 있었다는 겁니다. 자신의 신체를 제대로 마주한 적이 없었던 젊은이들에게 아사하라의 '예언'은 경이 그 자체였겠죠.

이 책을 읽고서야 나는 '사람들이 왜 그런 사내에게 그토록 빠져들었는가?'라는 의문을 겨우 풀 수 있었습니다.

군대와
신체

지금 우리는 '신체'를 키워드로 다루고 있습니다. 나는 오래전부터 '신체 문제'가 전쟁 이후 일본의 약점이랄까, 또는 문화의 문제점이라는 생각을 해 왔습니다. 전쟁 중에는 군대라는 존재가 신체를 담당했습니다. 그런데 전쟁이 끝나자 군대에 가지 않게 되었고, 그 이래 각 개인은 사실은 자신에게 가장 친숙한 존재인 신체를 어떻게 다루어야 할지 알 수 없는 상태로 살아왔습니다.

일본의 경우 3, 4대만 거슬러 올라가도 대부분이 '백성'이었습니다. 즉 도시인이 아니었다는 얘기입니다.

여기서 '도시'란 앞 장에서 말한 바와 같이 뇌화 사회입니다. 다시 말해 인간이 뇌 속에 도면으로 그린 세계가 실제로 구현된 것입니다.

일본에서는 도시화와 더불어 근대에 들어서면서 갑자기 신체의 문제가 발생했습니다. 아마도 도시화의 역사가 오랜 사회, 중국이나 유대의 문화에서는 이런 문제가 이미 해결되었을 거라고 생각합니다.

하지만 일본에서도 어느 시기까지는 군대라는 형태로 강제적으로 도시 생활을 경험한 남자들을 대상으로 신체를 정확히 규정한 바 있습니다. 군대라는 곳은 생각하기에 앞서 일단 신체의 운동을 통일하고 보는 조직입니다. 전장에서 자칫 쓸데없는 생각을 했다가는 죽음으로 이어지기 십상이므로 군대에서는 반사적으로 움직이는 법을 훈련을 통해 철저히 주입시킵니다. 상관이 "우향우!" 하고 명령을 내릴 때마다 '글쎄, 정말 오른쪽으로 돌아서도 괜찮을까.' 하고 생각한대서야 말이 안 되지 않겠습니까.

신체를
대하는 법

혹시 오해를 살까 걱정되어 덧붙입니다만, 나는 결코 징병제를 부활하자고 주장하는 것이 아닙니다. 군대가 좋으냐 나쁘냐를 따지자는 게 아니라, 그런 조직이 있었을 때 거기에 속해 있던 사람들은 신체에 관해 굳이 생각할 필요가 없었다는 점을 말하고 싶었을 따름입니다.

생각하기에 앞서 훈련을 통해 신체를 강제적으로 움직입니다. 이른바 신체 의존의 생활을 하지 않을 수 없었던 겁니다. 그곳에서는 어쩔 수 없이 몸을 의식하게 됩니다.

그렇다면 군대에 가지 않게 된 지금은 신체를 어떻게 대해야 할까. 그런 의문에 대한 해답을 일정 부류의 젊은이들에게 제시한 것이 바로 옴진리교, 그리고 아사하라 쇼코였던 게 아닐까, 그리고 그것이야말로 옴진리교 문제의 중요한 점이 아닐까 생각합니다. 신체를 어떻게 다루어야 할지 모르는 젊은이들에게 아사하라가 요가를 통해 얻은 노하우를 토대로 교리를 전파하자 그때까지 신체에 관해 고민하던 젊은이들이 뭔가 해답을 얻었다고 여겨 그를 따르게 되었던 거죠.

옴진리교뿐 아니라 신체를 사용하는 수행에는 반드시 위험이 따릅니다. 오래전부터 불교의 고행이 외따로 떨어진 곳에서 이루어진 것은 옛사람들의 지혜였는지도 모릅니다.

신체와
학습

신체를 움직이는 것과 학습은 밀접한 관계가 있습니다. 뇌 속에서는 입력과 출력이 세트로 되어 있어서, 입력한 정보로부터 출력에 이르는 과정이 다음 출력에 변화를 가져옵니다.

익숙한 예로, 걷지 못하던 아기가 몇 번 넘어지고 구르다 보면 걷는 방법을 터득합니다. 출력의 결과, 즉 여기서는 넘어지는 경험을 거치면 다음번 출력이 변화하고, 그런 과정이 되풀이됩니다. 그러다 보면 어느덧 넘어지지 않고 걸을 수 있게 됩니다.

현재 가장 유력한 것으로 여겨지는 뇌의 모델은 '뉴럴 네트워크'라는 것입니다. 이에 관해서는 6장에서 자세히 다룰 예정이지만, 간단히 말해 이 모델을 응용하면 스스로 잘못된 것을 수정해 가며 학습하는 프로그램을 만드는 것이 가능합니다. 출력의 결과에 따라 다음 출력을 바꾸어 가는 프로그램이라고 보면 됩니다. 이것은 인간의 학습과 똑같은 과정입니다.

예를 들어 컴퓨터가 문자를 식별하도록 하는 프로그램을 만들 경우에도 이런 식으로 스스로 학습하는 프로그램과 세

세한 부분까지 미리 설정해서 식별하도록 하는 프로그램을
비교하면 전자가 훨씬 효율이 높고 프로그램도 간단하다고
알려져 있습니다.

문무
겸비

여기서 하고 싶은 말은, 기본적으로 인간은 학습하는 로봇이
라는 것입니다. 그것도 외부 출력을 동반하는 학습입니다.

'학습' 하면 단순히 책을 읽는다든가 하는 행위를 떠올리기
쉽지만 사실은 그렇지 않습니다. 출력을 동반해야만 학습이
가능합니다. 반드시 신체 자체를 움직이지 않고 뇌 속에서 입
출력을 되풀이하기만 해도 됩니다. 수학 문제를 푸는 것도 뇌
속에서 입출력을 반복하는 일입니다.

그런데 입력만 의식하고 출력을 잊어버리는 일이 종종 일
어납니다. 신체를 망각한다는 것은 이런 경우를 두고 하는 말
입니다.

일본의 에도 시대는 도시 사회라는 점에서 지금과 매우 흡
사합니다. 에도 시대에는 처음에는 주자학이 유행하다가 후
에 양명학이 주류를 이루었습니다. 양명학이란 간단히 말해
'지행합일', 즉 아는 것과 행하는 것이 일치해야 한다는 사고

방식입니다.

그러나 나는 이것이 '아는 것이라도 출력되지 않으면 의미가 없다'라는 뜻이라고 생각합니다. 그리고 이것이야말로 '문무 겸비'의 본래 의미가 아닐까 싶습니다. 문과 무라는 서로 다른 분야를 모두 익혀야 한다는 뜻이 아니라는 거죠. 양쪽이 제대로 잘 돌아가지 않으면 무의미하다, 지식과 행동이 서로에게 영향을 미치지 않으면 안 된다는 의미일 겁니다.

아기의 경우를 예로 들면, 걸음마를 시작할 때부터 학습 프로그램이 작동하기 시작합니다. 걸음마를 하면서 움직이면 시각 입력이 이전과 달라집니다. 그에 따라 자신의 반응, 즉 출력도 달라집니다.

뒤뚱거리다가 책상 다리에 부딪힐 것 같으면 피하는 법을 배웁니다. 또한 움직이면 시야가 넓어진다는 사실을 알게 됩니다. 이런 과정을 되풀이하는 것이 바로 학습입니다.

이렇게 입출력의 경험을 쌓아 가는 일은 언어를 배우는 과정으로 연결됩니다. 그리고 차츰 그 입출력을 뇌 속에서만 할 줄도 알게 됩니다. 뇌 속에서 입출력을 반복하는 추상적 사고의 대표가 수학과 철학입니다.

어른은
건강하지 않다

아기는 자연스럽게 신체를 이용해 학습을 해 나갑니다. 학생들도 갖가지 새로운 경험을 쌓아 갑니다. 그러다가 어느 정도 나이를 먹으면 입력은 물론이고 출력도 한정되어 버립니다. 이것은 매우 건강하지 못한 상태라고 생각합니다.

일이 전문화되어 간다는 것은 입출력이 한정되어 간다는 것을 의미합니다. 컴퓨터에 비유하자면 하나의 프로그램만 반복해서 사용하는 것과 같습니다. 건강한 상태란 프로그램을 바꾸어 가며 다양한 입출력을 계속하는 것입니다.

나 자신도 도쿄대에서 근무할 때와 그 후를 비교해 보면 그만두기 전은 전생이 아니었나 싶을 만큼 세상이 달라졌습니다. 재직 중에도 그런대로 대학에 비판적인 의견을 자유롭게 제시하며 지냈다고 생각했는데, 그만두고 보니 자신이 얼마나 제한되어 있었는지를 생생히 깨달을 수 있었습니다. 이렇게 제한된 상태는 밖에서 바라보지 않으면 알 수 없습니다. 그것이 바로 무의식이라는 것입니다.

'여행지에서는 무슨 짓을 해도 상관없다(旅の恥はかきすて)'라는 말이 있는데, 이것은 일상의 공동체에서 벗어나 보면 평소에 얼마나 심하게 제한을 받았는지 알 수 있다는 뜻입니다.

신체를 움직이는 것은 세상을 아는 일로 곧바로 연결됩니다.

이 또한 오해를 받기 쉬운 말이므로 혹시나 하는 마음에 덧붙이자면, 나는 직장을 옮기라고 권하는 것이 아닙니다. 어른이니까 환경을 바꾸려면 이혼을 하거나 직장을 옮기는 것밖에 방법이 없다고 생각하면 곤란합니다. 한 가지 일을 오래 하더라도 그 사람의 내면에서 이해의 폭을 넓히고 프로그램을 바꾸면 됩니다.

같은 일을 오래 하는 것이 어리석은 짓이라면 어린 시절부터 지금에 이르기까지 곤충 채집을 계속해 온 나는 발전이라고는 없는 한심한 인간이 아니겠습니까. 이것은 그렇게 단순한 문제가 아닙니다.

곤충 채집 하나만 보더라도 예전의 나와 지금의 나는 상당히 달라졌습니다. 예를 들어 바구미 한 마리를 잡았는데 곤충도감과 아무리 대조해 봐도 특징이 일치하는 것이 없을 경우, 젊은 시절이었다면 나는 내 눈이 어떻게 된 게 아닐까 하고 의심했을지도 모릅니다. 그러나 오랜 경험을 거친 지금의 나는 '이건 책이 잘못됐고 내 눈이 정확할 수도 있어'라고 생각할 수도 있게 되었습니다.

오랜 경험을 거치면 같은 일에 관해서도 관점이 달라지는 경우가 드물지 않습니다. 그것은 프로그램을 교체하는 것과 비슷한 일입니다. 다만, 앞에서도 말했듯이 거기에는 항상 검증하는 자세가 필요합니다.

뇌 속의
신체

신체의 문제를 뇌의 관점에서 바라보면 어떻게 될까요. 인간의 뇌에서는 꼭대기 부분이 발을 담당하고 그 아래가 대퇴부, 좀 더 아랫부분이 복부를 담당하는 식으로 되어 있습니다. 실제 신체 위치와는 정반대 모양이죠. 그런데 이것이 목 부분에 오면 그 순서가 역전되어 이번에는 머리의 맨 윗부분부터 시작됩니다.

즉 발→대퇴부→복부→가슴→목, 그리고 이대로라면 턱→입→코→눈→머리의 순서가 되어야 할 텐데 실제로는 목 다음으로 머리→눈→코→입→턱의 순서로 뇌가 신체를 담당합니다. 이것을 도표로 나타낸 것이 펜필드의 '호문쿨루스'라는 그림입니다.

인간의 뇌 속에서 신체의 위, 아래가 목을 경계로 분단되어 있습니다. 참고로, 박쥐의 경우는 머리 꼭대기에서 발까지 신체의 순서 그대로 배치되어 있습니다. 즉 머리→손→배→발의 순서로, 인간과는 거의 정반대라고 할 수 있습니다. 그래서 인간이 늘 머리를 위로 두고 걷는 것과 반대로 박쥐는

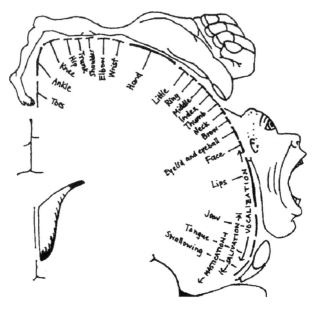

펜필드의 호문쿨루스
발에서부터 순서대로 나오다가 목 다음은 턱이 아니라 정수리가 나온다.

항상 거꾸로 매달려 있는지도 모릅니다.

그렇다면 인간의 뇌는 왜 목에서 분단되는 것일까요? 그것은 목 위의 운동과 목 아래의 운동이 전혀 다르다는 것과 깊은 관련이 있습니다. 목 위의 운동을 대표하는 것은 음식물을 섭취하는 운동이고, 목 아래의 운동을 대표하는 것은 신체를 이동하는 운동입니다. 두 운동은 그 목적이 전혀 다릅니다. 그러니 뇌 속에서도 목 언저리에서 나뉘는 것이 어떤 의미에서는 합리적입니다. 손이 두 영역의 사이에 위치하는 것도 실은 이치에 맞습니다.

왜냐하면 목 위의 운동에는 인간의 경우 식사 외에도 커뮤니케이션이라는 중요한 기능이 있습니다. 그것을 담당하는 것이 입과 손입니다. 걸으면서 먹는 동물은 인간 외에는 거의 없습니다.

목을
자른다

뇌 속에서 목을 경계로 신체가 분단되어 있다는 사실로 미루어 '목을 자른다'라는 표현에는 상징적인 의미가 있는 듯합니다. 단순히 신체 중에서 가장 가는 부분이니 자르기 쉬워서가 아니라, 애초에 목에서 위 아래가 분단되어 있다는 것을 무의식적으로 알기 때문이 아닐까 싶습니다.

원래 문명의 발달이란 목 아래의 운동을 억압하는 것이기도 합니다. 즉 발로 걷는 대신 자동차를 타게 된 것은 목 아래의 운동을 억제하는 일입니다.

목 아래의 운동은 동물에게 기초적인 부분입니다. 이름이 동물(動物)일 정도니까 다리를 움직여 이동하는 것은 기본이라는 뜻입니다. 문명 사회는 이러한 이동 기능을 억제함으로

써 발전해 왔다고 해도 과언이 아닙니다.

이처럼 신체의 문제를 어떤 식으로 생각하고 신체를 어떻게 자리매김하느냐는 매우 중요한 문제입니다. 그런데 일본 문화에서는 이 문제가 아직 해결되지 않았습니다. 그런 문제가 존재한다는 사실조차 의식하지 못합니다.

비근한 예로, 우리의 일상생활은 어느 사이에 방바닥에서 의자로 옮아갔습니다. 신체로서는 중대한 변화입니다. 방바닥에 앉느냐 의자에 앉느냐로 자세가 달라지니까요.

그러나 이런 변화가 언제 일어났는지는 알 수 없습니다. 국회에서 "자, 이제부터 각 가정에서는 반드시 입식 방을 두어야 합니다."라고 결정한 것도 아닙니다. 언제부터 입식 생활을 하게 되었는지는 아무도 기억하지 못합니다.

우리 신체에 그토록 중요한 변화가 우리도 모르게 일어난 것이 지금의 일본입니다.

장례 또한 옛날에는 땅에 묻는 것이 일반적이었지만 고도 성장기에 일제히 화장으로 바뀌었습니다. 에도 시대에는 화재의 위험 때문에 화장이 금지되어 있었습니다.

참고로 내가 근무했던 도쿄대에는 지금도 에도 시대의 미라가 보존되어 있습니다. 당시의 풍습대로 통에 넣어 습지에 묻은 토장(土葬)의 사체 중에는 썩지 않고 젖은 상태로 남아 있는 미라도 있습니다. 그중 보존 상태가 좋은 것은 머리카락도 생생히 남아 있고 남자인지 여자인지, 고인이 어떤 사람이었는지도 구별할 수 있습니다.

그런데 이제는 매장을 거의 찾아볼 수 없게 되었습니다. 본래 사체를 어떤 식으로 다루는가 하는 것은 종교와 관련된 중대한 문제인데 어느새 바뀌어 버린 것입니다.

공동체의
붕괴

개인이 간과해 온 것이 '신체 문제'라고 한다면 사회가 간과해 온 것은 '공동체 문제'입니다. 데카르트는 '참된 지식은 모두에게 주어졌다'라고 말했습니다.

보통 이 세상의 공동체 속에서 살아가면 누구나 '공통 이해'에 도달하게 되어 있습니다. 그런데 그 '공통 이해'가 전후 일본에서는 균형을 잃었달까 사라져 버렸달까, 그런 상태입니다. '공통 이해'의 기반인 공동체가 한쪽에서는 남아 있고 다른 한쪽에서는 무너졌기 때문입니다.

요즘은 불황 탓에 어느 기업에서나 구조 조정이 이루어지고 있습니다. 그러나 진정한 공동체라면 구조 조정 따위를 허용할 리 없습니다. 구조 조정이란 구성원을 공동체에서 배제하는 것이므로 어지간한 이유가 아니고서는 일어날 수 없는 일입니다.

본래의 공동체라면 워크셰어링이 올바른 해결 방식이고 구조 조정은 옛날 같으면 마을에서 쫓아내는 것과 다름없습니다. 그런 짓을 아무렇지도 않게 하는 것만 보아도 기업이라는 공동체가 얼마나 무너졌는지 알 수 있습니다.

사람들이 좋아하는 '세계는 하나'라든가 '인류는 형제'라는 말은 옛날의 공동체에 대한 환상으로 지탱되는 구호입니다. 이것은 공동체의 논리를 세계 규모로 확대해서 생각한 것입니다.

이 논리를 확대하면 일본인들은 북한 난민을 받아들일 수 있어야 합니다. 영사관에 뛰어든 난민도 모두 받아들여야 합니다.

이 말이 억지가 아닌 이유는 페루의 후지모리 대통령의 사례만 봐도 명확합니다. 그가 '실은 일본인이었다'라는 사실에도 우리는 그를 같은 민족으로 받아들이지 않으니까요. 일본적인 공동체 논리가 지금도 일부에서 통용되는 사례입니다.

북한의 일본인 납치 문제만 해도 실행범이 일본인인 경우도 있었습니다. 즉 공동체의 일원이 저지른 일이라고 할 수 있다는 겁니다. 적어도 예전에는 그런 사고방식이 있었습니다. 그러나 지금은 받아들여지지 않는 사고방식입니다.

마찬가지로 옴진리교 문제에서도 사람들은 그들을 더는 일본인으로 받아들이지 않습니다. 도시에서는 물론이고 지방 자치 단체까지 그들의 전입 신고를 거부합니다. 공동체에서 완전히 배제되고 만 것입니다. 그들의 자녀는 아무 잘못이 없는데도 학교에 가지 못하고 있습니다. 옛날에는 생각조차할 수 없었던 공동체 붕괴의 단면입니다.

기능주의와 공동체

공동체는 기본적으로 구성원들의 평등을 내세웁니다. 그런 감각에서 '절대적 평등'이라는 왜곡된 평등 의식이 탄생했습니다. 이것은 기업이나 조직이 추구하는 '기능주의'와는 상반된 개념입니다.

기능주의란 어떤 목적을 달성하기 위해 사람을 적재적소에 배치하는 것을 일컫습니다. 당연히 '저 사람은 좋은 사람이니 희망하는 부서에 보내 주자', '저 사람은 무능하지만 가족이 있으니 자를 수 없다' 같은 식의 논리는 통하지 않습니다. 그런 기능주의와 공동체적 절대 평등 간에 충돌이 일어난 것이 지금의 사회입니다.

이런 상황이 앞으로 어떻게 될까. 장기적인 안목에서 보면 결국 이 사회는 제대로 기능하지 못하게 될 것입니다.

관청, 특히 외무성이 그 전형적인 예입니다. 외무성이란 뭘 하는 곳인가, 라는 근본적인 논의도 없는 채로, 외무성에 들어간 직원 전체의 이익을 위해 모두가 움직이는 곳이 되어 버렸습니다. 외교를 통해 국익을 수호하기보다 외무성 자체를 위해 일하는 것이 우선시되는 것입니다. 적어도 내 눈에는 그렇게 보입니다.

무엇보다 공동체적이라고 여겨지는 일은 관직을 2세, 3세가 세습하는 사례가 많다는 것입니다. 그러면서 하는 일은 거의 없다고 다른 관청 사람들은 입을 모읍니다.

이야기가 옆길로 새는 것 같지만, 차라리 외무성과 궁내청을 하나로 묶어 '의전청'으로서 의식과 관련된 업무만 관장하면 어떨까 하는 것이 나의 개인적인 의견입니다. 그렇게 된다면 2세, 3세 세습을 허용하고, 사절단이 필요할 때는 수염을 기른 외모가 준수한 사람을 외국에 보내도 좋을 듯합니다. 파티에 초대받았을 때 지켜야 할 매너 같은 것만 제대로 교육하면 그만입니다. 그런 놈들이 거들먹거릴 필요는 없을 테죠.

망국의
공동체

정치가 스즈키 무네오(鈴木宗男) 씨와의 유착 문제로 외무성 차관이 불려 들어왔을 때 그의 귀국 제일성이 '외무성은 이 난국을 맞아 일치단결함으로써……'였던 것은 매우 상징적인 일로, 나는 몹시 부아가 치밀었습니다.

그의 동료가 애인의 이름을 빌려 경주마를 샀다느니, 스즈키 씨와 유착하여 비리를 저질렀다느니 하고 지적받고 있는 마당에 '일치단결'이라니……. 국민이 기대한 것은 그런 자세가 아니라 외무성 내의 병폐를 도려내는 것이었는데 말입니다. 국민은 안중에 없고 오직 공동체 구성원만 중시하는 그들의 사고방식을 그 한마디로 충분히 알 수 있었습니다.

이런 상태는 전쟁 중의 군인과 매우 흡사합니다. 흔히들 군대의 무력만이 나라를 멸망시키는 것으로 착각하는데, 어처구니없는 내부의 항쟁도 그에 못지않게 국익을 갉아먹습니다.

전쟁 중에는 해군과 육군이 팽팽하게 맞서 주도권 쟁탈전을 벌이면서 틈틈이 미국과 싸웠다는 웃지 못할 이야기가 전해질 정도입니다. 사용할 전투기가 함상 선투기밖에 남지 않은 상황인데도 항공 예산을 육군과 해군이 반반 나누어 가졌다는 얘기도 있죠.

그때도 지금 각 부처가 예산 쟁탈전을 벌이는 것과 비슷한 일이 벌어졌던 겁니다. 국가는 안중에 없는 부처 이기주의가 오늘날의 얘기만은 아닌 듯합니다.

현대 사회에서는 예전의 거대 공동체는 무너지고 회사나 관청 같은 소규모 공동체만 존재합니다. 그 때문에 다른 공동체에서 보면 '저건 좀 이상하다'라는 느낌을 가지게 됩니다. 그것이 공동체와 공동체 사이에 '상식'이라는 것이 존재하지 않기 때문이라는 것은 이미 말한 바 있습니다.

그러면 우리는 왜 상식을 잃어버렸을까요. 그것은 사회 전체가 아닌 소규모 공동체의 이론만 내세우기 때문이라고 생각합니다.

이상적
공동체

사회 전체의 목표나 가치관이 하나였을 때는 어떤 공동체 또는 어떤 가족이 이상적이냐 하는 물음에 답이 있었습니다. 그래서 커다란 공동체가 성립할 수 있었습니다.

그렇다면 어떤 공동체가 이상적일까. 실은 이 문제 자체에는 별 의미가 없습니다.

가족의 경우 대가족이나 핵가족이나 하는 형태는 어디까

지나 무엇을 행복으로 여기느냐에 달렸을 뿐입니다. 마찬가지로, 공동체는 어디까지나 그 구성원의 이상이 어디로 향하느냐의 결과로서 존재한다는 생각입니다. '이상적인 국가'가 먼저 있는 건 아닙니다.

옛날에는 '배고픈 사람이 없는' 것이 이상적인 방향의 하나였습니다. 그것이 만족되자 이제는 각자의 이상이 모두 달라졌습니다. 그래서 공동체도 붕괴되었습니다. 지금의 풍조는 이상이 각자 다른 것 자체를 자유의 표현으로 여기기도 합니다. 이것은 어딘가 모르게 '개성 예찬'과 비슷합니다.

하지만 과연 그럴까요. '인간이라면 알 것이다'라는 상식과 마찬가지로 인간 공통의 어떤 방향성이 존재하는 것 아닐까요.

'인생에는 의미가 있다'라는 말이 하나의 힌트가 될 것이라고 봅니다. 강제 수용소 아우슈비츠에 수용된 적이 있는 V. E. 프랭클이라는 심리학자가 있습니다. 그는 수용소에서의 체험을 『밤과 안개』, 『의미를 향한 의지』, 『삶의 의지를 찾아서』 등의 여러 저서로 남겼습니다.

저서와 강연을 통해 그는 일관되게 '인생의 의미'를 논했습니다. 그리고 '의미는 외부에 있다'라고 주장했습니다. 흔히들 '자기실현'이란 말을 하는데, 자신이 뭔가를 실현하는 장은 외부에 존재합니다. 쉽게 말하자면 인생의 의미는 스스로 완결하는 것이 아니라 언제나 주변 사람들이나 사회와의 관계에서 생성된다는 것입니다. 그렇게 생각하면 일상생활에서 의미를 발견할 수 있는 곳은 공동체뿐입니다.

인생의
의미

프랭클이 1970년대에 빈 대학에서 교편을 잡고 있을 때, 미국에서 온 유학생의 60퍼센트가 '인생은 무의미하다'라고 생각했다고 합니다. 그에 반해 오스트리아인, 독일인, 스위스인 가운데서 '무의미하다'라고 생각하는 사람은 25퍼센트에 지나지 않았습니다. 특히 사고방식이 미국형인 사람 중에 이렇게 생각하는 사람이 많다는 것도 그는 알게 되었습니다. 또한 당시의 통계로 젊은 마약 중독자 100퍼센트가 '인생은 무의미하다'라고 생각했다고 합니다.

프랭클은 강제 수용소라는, 언제 죽을지 모르는 환경에서 '살아간다는 것은 무엇인가'를 생각해 봤습니다. 그리고 그의 인생의 의미는 '다른 사람이 인생의 의미를 고민하는 데 도움을 주는 것'이라는 결론에 도달했습니다.

말기 암 환자에게 생의 의미는 무엇이냐고 그는 묻습니다. 의사에 따라서는 그런 사람은 살아갈 의미가 없다고 판단할지도 모릅니다. 그러나 프랭클은 이렇게 생각했습니다. 그 사람이 자신의 운명을 알고서도 살아가려는 의지를 보이는 태도가 타인에게 힘이 된다, 그것이 그 사람의 생의 의미이다, 라고요.

어떤 암 환자는 죽으면 자식들과 헤어져야 한다는 것이 괴롭다고 호소했습니다. 이에 대해 프랭클은 "당신에게 가족이 없었다면 당신은 탄식할 이유도 없었을 것입니다. 적어도 당신은 이 세상에 헤어지고 싶지 않은 가족을 남겨 두고 가지 않습니까. 그런 것마저 없는 사람도 있습니다."라고 대답했습니다.

'인생의 의미'라는 문제는 지금도 여전히 중요합니다. 인생이 무의미하다고 여기는 현대인이 많다는 것은 마약 중독자가 늘어나는 것만 봐도 알 수 있습니다. 따라서 인생의 의미에 관해 생각하는 것은 개인에게도 공동체에도 반드시 필요한 일이 아닐까 싶습니다.

오해를 무릅쓰고 말하건대 9·11테러는 그 피해가 큰 것은 물론이거니와 그 일을 저지른 범인들이 자신들의 행위에 강한 의미를 느끼고 있다는 점 자체가 큰 충격이었습니다.

반면 그에 대한 미국 측의 반격에서는 별다른 의미가 느껴지지 않는다는 것 또한 충격이었죠. 억측인지는 몰라도, 테러리스트들이 느꼈던 것만큼의 의미가 미국 측에는 없었던 것

같습니다.

다만, 이러한 이데올로기가 인생의 의미이던 시대는 이미 끝났다고 생각합니다. 그리고 그것을 정당화할 생각도 없습니다. 하지만 그렇다고 해서 인생의 의미가 없어졌다고 결론을 내릴 수는 없습니다.

현대인에게 '먹고사는 문제' 이후의 공통된 테마는 '환경 문제'가 아닐까 싶습니다. 환경을 위해 자신은 공동체와 주변 사람들에게 무엇을 해 줄 수 있을까 하고 고민하는 것도 인생의 의미를 찾는 일이 될 수 있을 것입니다.

공동체가 제대로 기능할 때는 구성원들끼리 뭔가를 주고받는 행위 자체가 인생의 의미라고 할 수 있었습니다. 사람이 살아가는 한은 타인과 교류가 있게 마련이고, 그러다 보면 어떤 식이든 주고받는 일이 생깁니다.

뭔가를 받으면 보답을 하게 됩니다. 거기에는 분명히 의미가 있습니다. 교육이라는 것도 근본적으로는 그와 같은 것으로, 자신을 길러 준 공동체에 성실한 인간을 되돌려 주는 일입니다. 그리고 그것은 기본적으로 대가를 바라지 않는 행위입니다.

고통의
의미

인생의 의미를 생각하는 일은 그리 간단하지 않을지도 모릅니다. 좀처럼 해답이 나오지 않습니다. 정답이 준비되어 있는 것도 아닙니다. '인생은 무의미하다'라고 단정하는 편이 오히려 시대에도 맞고 편할지 모릅니다.

그러나 그것을 진지하게 고민해 보지 않으면 공동체는 물론이고 결국 자기 자신도 불행해집니다.

환경 문제만 해도 '어차피 대지진이 일어나면 환경이고 뭐고 엉망이 될 텐데'라느니 '운석이 떨어지면 인간도 공룡처럼 멸망하고 말 거야' 하며 허무주의로 일관하면 결론은 간단합니다. 그러나 그와 같은 생각은 매우 난폭하고 안이하다고 하지 않을 수 없습니다.

질병의 고통에도 뭔가 의미가 있을까. 의사 중에는 거기에 아무런 의미가 없다면서 그 고통을 없애는 일을 지상 과제로 삼는 사람도 있을 것입니다. 그러나 실제로는 그 고통에도 뭔가 의미가 있다고 생각해야 마땅합니다. 그러지 않으면 환자는 질병으로 고통받는 데다 그 상태에 아무런 의미가 없다는 생각으로 이중의 고통을 받게 됩니다.

고통에도 의미를 부여하는 것은 종교적인 사고방식으로,

경우에 따라서는 근거 없는 사회적 차별까지도 필연으로 여기게 되는 위험한 면이 있습니다. 설령 그렇다 할지라도 역시 고통에도 긍정적인 측면이 있다는 다면적인 사고방식은 필요합니다.

매해 자살하는 사람이 늘어나는 것은 직접적으로는 불황 등이 원인이라고 하지만, 곰곰이 생각해 보면 인생의 의미를 발견하지 못하는 사람이 늘어나는 것과 밀접한 관련이 있습니다.

『조작된 민주주의』(다카하시 히데미 저)라는 책에는 숲에서 자살하는 사람의 얘기가 나옵니다. 그 지역 사람이 깊은 숲속을 수색하고 있는데 자살하려다가 실패한 사람이 나타나 "목을 매달았는데 가지가 부러지는 바람에 떨어져서 엉덩방아를 찧었어요. 아파서 죽을 뻔했지 뭡니까."라고 말했다는 겁니다. 코미디 같은 얘기지만, 자살하려던 그 사람도 엉덩방아를 찧으면서 다른 세계를 본 것이 틀림없습니다.

삶의 의미를 발견하지 못하는 막막함이 자살을 비롯한 갖가지 문제를 일으키고 있습니다. 예전에 작가 야마다 다이치 씨와 대담을 한 적이 있는데 그가 "일본 샐러리맨의 태반이 천재지변을 기대하고 있습니다."라는 얘기를 하더군요. 아마도 자신의 힘만으로는 이렇게 꽉 막힌 막막한 상태에서 벗어날 도리가 없다는 표현이겠죠. 그러나 실제로는 의미에 관해 계속 생각하는 일 자체가 소중한 작업입니다. 프랭클의 말을 빌리자면, 인생이 우리에게 늘 그것을 묻고 있습니다.

공동체에 관해 생각해 보라고 하면 아무래도 얼굴 없는 인간의 집합체 같은 것을 떠올리기 쉽습니다. 그러나 사실은 우리 각자의 행복이나 '인생의 의미'에 직접 관련된 것이 공동체입니다.

잊혀 버린
무의식

신체나 공동체와 마찬가지로 우리에게서 배제된 것, 혹은 잊힌 것이 '무의식'의 문제입니다. 무의식을 의식하라니 모순이 아니냐고 하겠지만, 요는 무의식이라는 것이 존재하고, 그것이 중요하다는 사실을 자각해야 한다는 말입니다.

지금 우리는 도시라는 뇌화 사회에서 살아가고 있습니다. 그리고 모두가 제각각 내키는 대로 건물을 짓고 이리저리 뒤얽혀 사는 도시이든, 아니면 처음부터 행정 기관이나 어떤 개인이 전체를 정연하게 기획한 도시이든 뇌화 사회이기는 마찬가지입니다. '나는 도심 근처에 살지만 공원이 있어서 녹지가 많으니 도시가 아니라 자연에서 사는 것이다'라는 생각은 잘못된 것입니다. 기본적으로 도시에서 산다는 것은 곧 의식 세계에서 산다는 뜻입니다. 그리고 의식 세계에서 사는 사람은 거기에 완전히 젖어 무의식을 잊어버리게 됩니다.

무의식의
발견

프로이트가 무의식을 발견한 것은 18세기 이래 유럽이 급속히 도시화된 것과 밀접한 관련이 있습니다. 그 이전에는 일상에 늘 존재하던 무의식이 점차 보이지 않게 된 것입니다. 그래서 프로이트는 무의식을 '발견'하게 되었습니다.

원래 무의식이라는 것은 발견의 대상이 아니라 일상에 늘 존재하는 것이었습니다. 그 이유는 우리가 매일 잠을 자기 때문입니다. 자는 동안 우리는 무의식에 가까운 상태에 놓입니다. 꿈을 꾼다고는 하지만, 각성된 상태와는 전혀 다르게 의식이 저하되어 있습니다.

하지만 요즘 사람들은 잠자는 시간을 인생에서 제외하는 듯합니다. 뇌 속에서 만들어진 도시에서 살아가는 것도 그 이유의 하나일 겁니다.

젊은이들의 생활 방식만 봐도 그것을 뚜렷이 알 수 있습니다. 그들이 주 고객인 편의점은 24시간 영업합니다. 모두가 잘 시간인데도 편의점만은 불이 환하게 밝혀져 있고 젊은이들이 바글거립니다. 요컨대 편의점은 젊은이들에게 자는 시간이 존재하지 않는다는 것을 상징합니다.

왜 잠자는 시간이 존재하지 않을까. 왜 잠자는 시간을 아까워할까. 그것은 무의식을 인생에서 제외해 버렸기 때문입니다. 그것은 또한 의식이 삶의 중심이라는 증거입니다.

그러므로 젊은이는 늘 깨어 있으려고 합니다. 극단적으로 말하면 견딜 수 없을 때까지 버티다가 팍, 쓰러져 잡니다. 올빼미가 되는 겁니다. 아침이 되면 일이 있으니 하는 수 없이 나가 볼까 하는 식으로 살아갑니다.

숙면하는 학생

그 때문인지 최근 이삼 년 사이에 대학생들에게 눈에 띄게 나타나는 현상이 있습니다. 1교시 강의를 하러 가면 이미 책상 위에 엎드려 자고 있는 학생이 상당히 많다는 것입니다. 가만 내버려 두면 한 시간이 지나도 일어나지 않습니다. 눈도 한번 뜨지 않습니다.

도무지 이해가 안 갑니다. 내 강의를 듣다가 지루해서 자는 것이라면 섭섭하기는 하지만 이해는 할 수 있겠는데 말이죠. 그러나 그들은 처음부터 끝까지 줄곧 잡니다. 굳이 1교시 강의에 와서 내내 자는 것입니다.

물론 학문에 뜻이 없으니까 강의도 들을 마음이 나지 않겠지요. 그들에게 중요한 것은 강의가 아니라 친구들과 함께하는 것 아닐까요. 실제로는 관심이 주로 거기에 있는 겁니다. 밤이 되어 친구들이 잠을 자면 어쩔 수 없이 게임을 하거나 휴대 전화 메시지라도 보내고, 그러다 보면 밤이 깊어지고, 편의점에 가서 뭔가 사 와 텔레비전 심야 프로그램을 보면서 먹고……, 그런 생활이 반복됩니다.

이런 현상을 젊은이들을 너무 오냐오냐하며 키운 탓이라느니 하며 쉽게 결론을 내려 버립니다. 그러나 아마도 그 근본에는 그들의 의식 속에 오직 깨어 있는 시간에 무엇을 할 것인가 하는 생각밖에 없다는 것이 문제가 아닌가 싶습니다.

3분의 1은
무의식

뇌화 사회인 도시에서 무의식(=자연)이 제외된 것처럼, 그 도시에서 살아가는 인간의 머리에서도 무의식이 점점 배제되고 있습니다. 그러나 인간은 살면서 3분의 1을 잠으로 보냅니다. 그러므로 최소한 인생의 3분의 1은 무의식입니다. 인생의 3분의 1을 차지하는 부분에 관해 고려하지 않을 수는 없습니다.

　무의식 상태라도 신체는 계속 움직입니다. 심장이 움직이고, 유전자는 세포를 복제하는 등 여러 가지 일을 합니다. 그러니 무의식도 여러분의 인생이라는 말입니다. 그러나 현대인은 그런 시간을 자신의 인생이라고 생각하지 않고 단지 누워서 쉰다고만 생각합니다. 인생에서 제외하는 것입니다. 그리고 이것이 나머지 깨어 있는 시간을 왜곡하는 원인입니다.

　의식이 계속되는 세계에만 관심이 있으므로 잠자기 전의 자신과 눈이 뜨인 후의 자신이 연속된 동일인이라는 생각에 일말의 의문도 품지 않은 채 안이하게 살아가는 겁니다.

　물론 무의식을 의식하라는 말도 모순이고 무리이긴 합니다. 다만 어디까지나 자신에게는 무의식의 부분도 있다는 자세로, 의식이 전부라는 생각을 유보할 필요가 있습니다.

좌우
분리

현대인의 무의식에 관한 상태를 상징적으로 보여 주는 것이 우뇌와 좌뇌가 분리된 환자인 듯합니다. 그들의 뇌는 각각 정반대의 일을 하려고 합니다. 좌뇌는 구두를 벗으려고 하는데 우뇌는 오히려 신으려고 하는 식입니다.

겉에서 보면 이런 사람의 오른손은 양말을 벗으려고 하는데 왼손은 이를 제지합니다. 좌뇌의 의식은 자신이 왜 그러는지 모릅니다. 본인은 왼손이 그런 식으로 자신이 의식하지 못하는 곳에서 방해 공작을 펼치고 있다는 사실을 모르는 것입니다.

사실 인간은 누구나 그와 비슷한 상황에 놓여 있지 않은가 싶습니다. 즉 망설이고 고민하는 경우가 그런 상태입니다. 자신의 내면에 또 다른 자신(=무의식)이 있어 그것이 때로 의식과는 반대되는 입장을 취합니다.

그래서 인간은 고민하는 게 당연하고, 살아 있는 한 고뇌하게 되어 있습니다. 그런데 고민이 있거나 모든 것이 확실하지 않은 상태를 좋지 않다고 여겨 무리하게 고민을 없애려고 합니다. 그러다가 절대적으로 확실한 것을 얻으려는 마음이 큰 나머지 과학이나 종교를 절대시하게 됩니다.

뒤죽박죽의
결과

우리는 뇌화 사회에 살고 있지만 그런 현실을 자각하지 못합니다. 어느새인가 신체를 잊고, 무의식을 잊고, 공동체를 의식하지 못한 채 무너뜨리고 말았습니다. 지금 이 상태를 옛날부터 그래 온 당연한 것으로 여깁니다.

옴진리교 문제나 외무성을 비롯한 관청의 문제 등도 그 근원은 여기에 있지 않을까요. 개개의 사회 문제에 관해 그 원인을 파헤치는 것도 필요하지만, 결국 그런 문제의 밑바닥에 무엇이 있는지에 관해 논의가 되어야 한다고 생각합니다.

일본이나 유럽, 미국뿐 아니라 아마도 전 세계적으로 이런 식의 역전이 일어나고 있는 듯합니다. 이것은 도시화에 기인하는 현상입니다. 석유 에너지에 의해 전 세계가 문명화했습니다. 도시란 에너지가 없으면 유지되지 못하는 곳인데, 그 에너지가 값싼 석유라는 형태로 공급됨으로써 세계적으로 도시화가 일어났습니다.

도시화의 가장 큰 영향은 본래는 십 대 중반이면 직업을 가졌을 젊은이들이 직업 대신 대학을 택해 놀 여유가 생긴 것입니다. 바로 이것이 대학 분쟁의 근본 원인입니다. 이때 처음으로 인류의 젊은이들에게 여가가 생겼습니다.

즉, 그때까지는 일하지 않으면 먹고살 수 없는 상태라는 것이 전제였는데, 일하지 않아도 먹고살 수 있는 상태가 된 것입니다.

그런 존재의 대표가 홈리스입니다. 홈리스가 생기는 곳은 반드시 도시입니다. 홈리스는 부정적으로 비치고 경멸의 대상이 되기도 합니다.

그러나 잘 생각해 보면 사실 그것은 우리가 어린 시절에는 이상으로 여기던 삶의 모습입니다. 어쨌든 그들은 '일하지 않아도 먹고사는' 신분이니까요.

전후 일본인들이 그토록 필사적으로 일한 까닭은 '일하지 않아도 먹고사는' 상태가 되고 싶어서였습니다. 그런데 전후 오십 년 이상 지난 지금은 텔레비전에서 실업 문제가 심각하다고 떠듭니다. 굶어 죽는 사람이 없는데도 말입니다.

한 걸음 물러서서 생각해 보면 만화 같지 않습니까. 요컨대, '일하지 않아도 먹고사는' 상태가 이상적이라고 생각해 열심히 일해 왔고, 실제로 일한 만큼 경제는 성장하고 사회는 효율화되었으며 홈리스도 굶어 죽지 않는 풍요한 사회가 실현되었는데 막상 그렇게 되니 실업률이 높아졌다고 난리라니요. 도무지 영문을 알 수 없습니다.

직업을 잃은 사람이 굶어 죽는다면 문제일 겁니다. 하지만 홈리스는 멀쩡히 살아가고 있습니다. 심지어 당뇨병에 걸리는 사람도 있다고 들었습니다.

인간은 망각의 동물입니다. 옛날 사람들이 봤다면 굉장히 부러워할 만한 사람들이 공원이나 다리 밑 여기저기서 잠을 자는 홈리스입니다. 일하지 않아도 먹고사는 것이 암묵적으로 이상적인 상태라고 생각했던 시절을 나는 아직도 뚜렷이 기억합니다. '저 사람은 일하지 않아도 먹고살아.' 하며 부자들을 부러워하던 시대가 거짓말처럼 느껴집니다.

　홈리스에 관한 지금 우리의 부정적인 인식은 다양한 역전으로 인해 생겨난 이상한 결과입니다.

6장

바보의 뇌

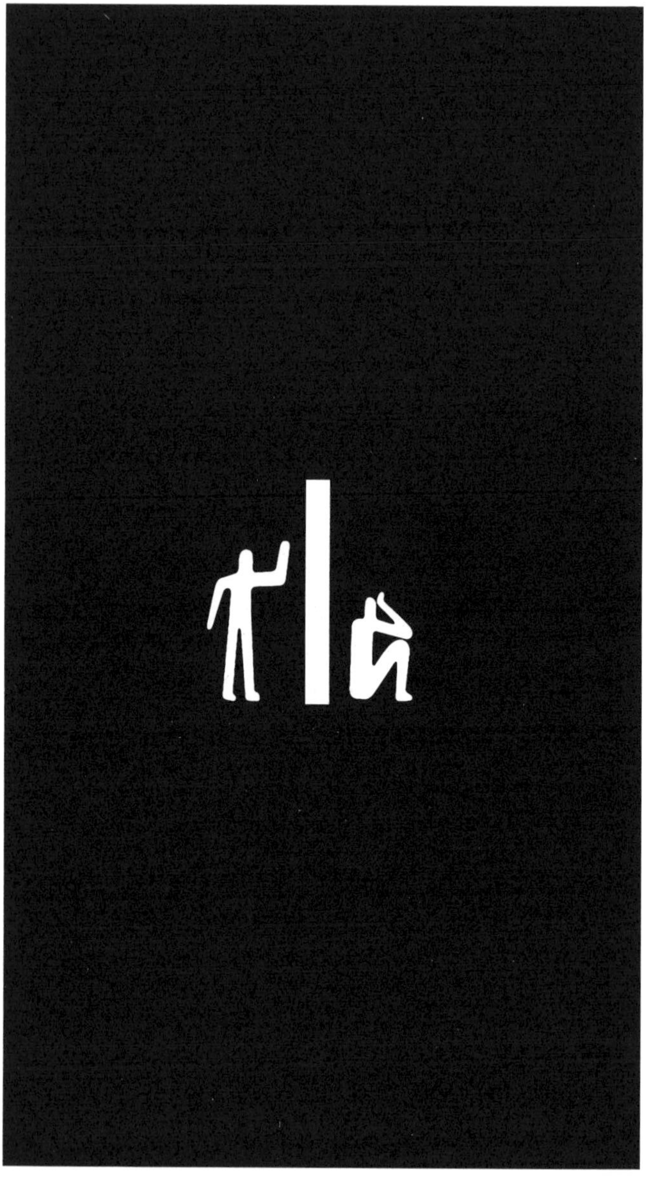

똑똑한 뇌,
바보 같은 뇌

똑똑한 사람의 뇌와 그렇지 못한 사람의 뇌가 다를까요? 겉
보기에는 전혀 다르지 않습니다. 물론 일정 한도를 넘어서면
얘기가 달라집니다. 앞에서 말했듯이 침팬지 뇌가 인간의 뇌
보다 작은 것처럼 말이죠. 인간의 경우도 보통 사람들의 3분
의 1, 그러니까 450그램인 사례도 있지만 이것은 소두증이라
는 병으로 기능에도 문제가 있습니다. 그 반대로 뇌의 무게가
2,000그램이 넘는 백치가 있었다는 기록도 있습니다. 이런
극단적인 사례를 제외하면 뇌의 크기는 똑똑함과 별 관계가
없습니다.

　뇌에 주름이 많으면 머리가 좋다는 속설도 있지만 사실이
아닙니다. 뇌에 주름이 잡히는 이유는 일정 용량의 두개골에
큰 뇌를 집어넣자니 구겨져서 그런 것입니다. 신문지를 작은
상자에 넣으려면 구겨야 하는 것과 마찬가지입니다.

　주름의 숫자만 보면 인간보다 돌고래가 더 많으니 머리가 좋

고 나쁜 것과 주름은 아무 관계가 없다는 것을 알 수 있습니다.

그렇다면 똑똑한 사람과 그렇지 못한 사람을 어떻게 구별할까. 결국 사회적 적응성으로 구별할 수밖에 없습니다. 예를 들면 언어 능력의 높고 낮음 같은 것입니다.

그렇다면 일반 사회에서 '저 사람은 머리가 좋다'라고 평가되는 사람의 경우, 어느 부분이 얼마나 똑똑한지를 구체적이고 과학적으로 계산하는 것은 무리겠죠. 똑똑함을 평가하는 객관적이고 과학적인 기준을 마련하기는 어렵습니다. 게다가 억지로 객관적인 기준을 마련해서 측정해 봐야 별로 의미가 없습니다. 경우에 따라서는 상식과 다른 터무니없는 결과가 나올지도 모릅니다.

기억의
달인

객관적으로 측정하기에 가장 쉬운 것이 '기억력'입니다. 이것을 기계적인 기억력으로 측정하면 세간에서 말하는 '똑똑한' 사람이 제일 높은 점수가 나오지는 않을 것입니다.

오히려 사회생활에 적응하지 못하는 유형의 사람이 기억력 점수가 높게 나오는 경우가 많습니다. 백 자리의 숫자를 눈 깜짝할 새에 전부 기억하는 사람이 있었는데 그는 사회생활 부적응자였습니다.

영화 '레인맨'에서 더스틴 호프만이 연기하는 주인공도 마찬가지입니다. 이 영화에서 그는 카지노의 카드 배열을 순식간에 기억하는 경이적인 기억력의 소유자로 묘사됩니다. 하지만 실생활에서는 동생이 보살펴 주지 않으면 아무것도 할 수 없는 사람입니다.

소련의 심리학자인 루리야가 어느 환자에 대해 책을 쓴 일이 있습니다. 그 환자는 십 년 전에 외운 백 자리 숫자를 거꾸로 말할 수 있는 사람입니다. 그 정도로 기억력이 비상하다면 두뇌가 우수할 것 같지만 실제로는 그도 이른바 사회생활 부적응자였습니다.

한 분야에서 뛰어난 능력을 보이는 사람이 다른 분야에서는 결함이 있는 경우를 일상생활에서도 흔히 봅니다. 뇌와 관련해서도 마찬가지입니다.

돌고래는 눈이 거의 보이지 않지만 그 대신에 귀의 능력이 매우 발달했습니다. 박쥐도 마찬가지로 눈은 퇴화했지만 귀의 기능만으로 피아노 줄 사이를 누비며 날아다니는 곡예를 펼칠 정도입니다. 개의 경우는 후각이 발달해 있습니다.

따라서 어느 특수한 영역에서 뛰어나다 해서 반드시 똑똑하다고 할 수는 없습니다. 이렇게 볼 때 머리의 좋고 나쁨을 측정하기란 매우 어려운 일입니다.

사회적으로 머리가 좋다는 것은 많은 경우 결국 균형이 잘 잡혀서 여러 국면에서 사회적 적응을 할 수 있다는 뜻입니다. 반대로, 한 분야에서 뛰어난 천재가 사회적으로는 서툰 경우도 드물지 않습니다.

뇌의
모델

인간의 특수한 능력은 뇌를 아무리 조사해 본들 알 수 없습니다. 그 이유 중에는 그런 식으로 뇌를 조사하는 것 자체를 금기시한다는 것도 있습니다. 그러나 가장 큰 문제는 뇌라는 것이 매우 균질적인 존재라는 점입니다.

인간의 뇌는 대동소이합니다. 뇌를 구성하는 물질은 신경 세포와 글리아세포, 혈관뿐입니다. 신경 세포라는 것은 아주 큰 세포입니다. 이것은 달걀이 그렇듯이 자기 혼자서 영양을 섭취하고 살아 나가기 힘든 세포입니다. 그래서 주위에 보조적인 세포가 달라붙어 있습니다. 글리아세포는 뇌의 기능에 직접적으로 관여하지 않고 오직 신경 세포를 살리는 일만 합니다.

신경 세포와 글리아세포의 집합체에 혈관이 들어 있는 것, 그것이 바로 뇌입니다. 뇌를 구성하는 물질은 그것이 전부입니다. 뇌는 복잡할 것이 전혀 없는 극히 단순한 구조입니다.

그토록 복잡한 사고(思考)를 하는 곳이니 구조도 복잡할 것이라고 착각하기 쉬운데, 실은 전혀 그렇지 않습니다. 그렇게 단순한 곳에서 어떻게 인간의 의식이 생성되는지, 도무지 영문을 모르겠습니다.

뉴럴
네트워크

뇌 구조의 단순함을 아무리 강조해도 믿지 않을지 모르지만, 뇌의 구조와 신경 세포의 활동은 이미 '뉴럴 네트워크'라는 모델로 설명되어 있습니다. 그리고 이 모델 자체는 구조가 매우 간단합니다. 하지만 이것을 설명하려면 상당히 내용이 어려워지기 때문에 '역시 이과계 학문은 어려워'라고 생각되는 분은 '암산의 메커니즘' 항목까지 건너뛰어도 괜찮습니다.

뇌에 있는 신경 세포는 어떻게 움직일까요? 신경 세포 자체는 흥분하거나 흥분하지 않거나, 이 두 가지 모드뿐입니다. 게다가 흥분하는 시간도 매우 짧아서 10밀리세컨드(밀리세컨드는 1000분의 1초) 이내입니다. 이 시간 이내로 흥분이 일어났다가 끝나는 겁니다.

그 흥분이 대체로 소리의 속도와 비슷하게 초속 200~300

미터로 신경 섬유를 통해 다음 세포에 자극을 전달합니다. 그리고 다음 세포는 세포 하나에서만 자극을 받는 것이 아니라 여러 세포에서 자극을 받습니다. 심지어 1,000개도 넘는 세포에서 여러 가지 자극을 받을 수도 있습니다. 이렇게 자극을 받은 세포는 자극의 총계가 역치에 도달했을 때 시냅스를 매개로 하여 반응합니다. 시냅스란 신경 세포와 신경 세포 사이의 접촉 부분입니다.

하나의 신경 세포에는 1,000개에서 10,000개에 이르는 시냅스가 있습니다. 시냅스에는 흥분성과 억제성의 두 종류가 있어서, 반드시 흥분만 하는 것이 아니라 오히려 마이너스로 반응하는 경우도 있습니다.

이러한 신경 세포의 전달 행위를 모방해 컴퓨터에 만들어놓은 것이 '뉴럴 네트워크'라는 모델입니다. 도식적으로 설명하자면, 신경 세포에 해당하는 점들이 1번부터 n번까지 상하로 늘어선 세로줄을 여러 개 늘어세운 것입니다.

어느 점에 자극이 있을 경우 옆줄로 그 자극이 전해집니다. 예를 들어 맨 오른쪽 a열의 ①이 반응할 경우 b열의 ①에서 ⓝ까지 전체에 a①이 반응했다는 사실이 전달됩니다. 다만 거기에는 일정한 계수가 설정되어 있어 만일 a①이 1만큼 반응했다면 b①~ⓝ에는 0.1만 전달되는 식입니다. 그리고 b열의 반응은 다시 그 옆, 그러니까 c열로 전달됩니다.

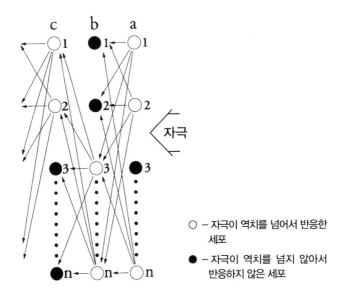

○ – 자극이 역치를 넘어서 반응한
세포

● – 자극이 역치를 넘지 않아서
반응하지 않은 세포

　b①에서 ⓝ까지의 점들 중, 받은 자극이 일정치(역치)를 넘은 점은 반응하여 다음 열의 c①에서 ⓝ까지 자극을 전달하는 것입니다. 그래서 최종적으로 c열의 세포에 전달된 자극의 총합이 역치를 넘어서면 그 신경 세포는 발화하여 반응합니다. 역치를 넘지 않으면 반응하지 않습니다.

　뉴럴 네트워크는 간단히 말하자면 이런 구조입니다. 그리고 이렇게 단순한 구조가 뇌의 모델입니다. 역시 이해가 안 간다고 생각하는 분은 일단 이런 모델로 뇌의 활동을 설명할 수 있다는 점만 기억해 주셨으면 합니다. 인간의 반응은 자극에 대해 신경 세포가 반응하느냐 반응하지 않느냐에 달려 있습니다.

어쨌든 이러한 자극이 신경 세포에 전하는 무게를 조정하면 뇌의 활동을 상당 부분 재현할 수 있습니다.

컴퓨터에 문자를 읽히는 일을 예로 들어 보겠습니다. 이것은 단순히 기계가 문자를 판독하여 반응하게 하는 방식이 아니라 기계 그 자체를 학습시켜 문자를 읽도록 하는 방식입니다. 기계가 잘못된 반응을 할 경우에는 인간이 '그건 틀렸어' 하고 바로잡아 줍니다.

이 경우 뉴럴 네트워크의 학습 곡선은 어린아이가 글자를 배울 때의 학습 곡선과 흡사한 것으로 드러났습니다. 어린아이가 문자를 백 퍼센트 기억할 때까지의 학습 곡선은 일관된 우상향 곡선이 아니라 일단 내려갔다가 다시 올라가는 특징이 있습니다. 놀랍게도 뉴럴 네트워크의 학습 곡선 역시 그와 같이 일단 내려갔다가 다시 올라갑니다. 그야말로 인간 뇌의 활동을 재현한 모델이 아닐까 싶습니다.

의외로 둔한
뇌 신경

이야기를 인간의 뇌로 되돌리겠습니다. 신경 세포의 흥분은

100분의 1초 정도면 끝납니다. 그러고서 원래의 상태로 돌아옵니다. 이런 흥분의 속도가 뇌의 회전 속도와 관련이 있느냐 하면 전혀 그렇지 않고 단지 화학적으로 결정됩니다.

신경 섬유를 타고 자극이 전달되는 속도는 앞에서 말한 바와 같이 음속에 가깝습니다. 이 속도를 조사한 과학자 헬름홀츠는 이런 일화를 남겼습니다.

그가 연구 결과를 편지로 아버지에게 보내자 그의 아버지는 '신경의 전달 속도가 그렇게 느리다니'라고 답장을 써 보냈다고 합니다. 아마도 감각적으로 광속에 가깝다고 생각했겠죠.

실제로는 의외로 전달이 늦는 뇌 신경으로 우리는 갖가지 생각을 하고 있는 겁니다.

음속 정도의 빠르기를 늦다고 하다니, 좀처럼 와닿지 않는다고 말하는 사람도 있을지 모르겠습니다. 일상생활의 감각에서 보면 대단히 빠른 속도임이 틀림없으니까요.

그러나 실제로 소리가 들렸을 때를 한번 생각해 보죠. 우리는 소리가 들렸을 때 그것이 오른쪽에서 들리는지 왼쪽에서 들리는지 금세 눈치채고 반응합니다.

이것은 신경의 전달 속도가 음속에 가깝다는 사실에 비추어 볼 때 다소 의아한 일입니다. 가령 오른쪽에서 소리가 났다고 했을 때 그 소리가 오른쪽 귀에 들어오는 시간과 왼쪽 귀에 들어오는 시간에는 미묘한 차이가 있습니다. 음속은 초속 340미터이니 오른쪽 귀에서 10~20센티미터 떨어진 곳에 있는 왼쪽 귀에는 3,000분의 1초, 약 0.3밀리세컨드의 간격이 생깁니다.

그런데 그 정보가 시냅스를 통해 반응하기까지는 몇 밀리세컨드의 시간이 걸립니다. 왜냐하면 시냅스의 반응이란 화학 물질을 방출하는 것이므로 자극을 받아 방출하기까지 그 정도의 시간이 걸리니까요.

즉 실제 반응하는 데 오른쪽 귀와 왼쪽 귀의 간격보다 열 배 이상의 시간이 필요합니다. 신경 섬유에 자극이 전달되는 속도와 비교하면 터무니없이 느립니다.

방향 판단의
메커니즘

그렇다면 그토록 반응이 느린 우리 뇌가 무슨 수로 소리가 들리는 방향을 순식간에 판단하는 걸까요.

그 메커니즘을 쉽게 설명하기 위해 오른쪽 귀와 왼쪽 귀가 신경 세포가 늘어선 줄 하나로 연결되어 있는 모델을 상정해 보겠습니다. 여기서는 그 줄에 신경 세포가 99개 늘어서 있다고 해 두죠.

가령 오른쪽 귀와 가장 가까운 쪽의 신경 세포부터 ①, ②,

③…… 하고 차례로 번호를 매겨 왼쪽 귀에 가장 가까운 세포를 ⑨라고 합시다. 오른쪽 귀로 들어간 자극은 ①에서 ⑨의 방향으로 전달되고, 왼쪽 귀로 들어간 자극은 ⑨에서 ①의 방향으로 전달됩니다. 그 속도는 좌우가 똑같습니다.

자, 오른쪽에서 난 소리는 당연히 오른쪽 귀로 먼저 들어가 ①에서 ⑨ 쪽으로 전해지기 시작합니다. 한편, 똑같은 소리가 왼쪽 귀로는 아주 조금 늦게 들어가 ⑨에서 ① 쪽으로 전해집니다. 전해지는 속도는 같으므로 좌우에서 온 자극이 마주치는 곳은 한가운데인 ⑩을 지나친 곳입니다.

실은 이런 식으로 양쪽에서 들어온 소리가 마주치는 장소로 우리는 소리의 위치를 판단합니다. 즉 ⑩ 이후의 세포에서 좌우의 자극이 마주치면 오른쪽에서 먼저 들어온 소리이고, 반대로 ⑩보다 앞쪽인 ㉚ 이하에서 마주치면 왼쪽 귀에 먼저 들어 온 소리입니다. 스테레오의 중앙에서 듣는 소리처럼 한가운데에서 들려오는 소리는 딱 중앙인 쉰 번째 신경 세포에서 마주친 것입니다.

신경의 전달로 말하자면, 축색(軸索, 신경 돌기) 내에서는 자극이 음속으로 전달되지만 그 후의 시냅스 반응은 시간이 조금 더 걸립니다. 이러한 속도는 모두 화학 반응이므로 개인차가 없습니다.

암산의
메커니즘

뇌의 메커니즘과 반응 속도에 관해서는 이상과 같이 알려져 있습니다. 요컨대 뇌의 형상이나 기능에는 별다른 개인차가 없다는 것입니다. 그렇다면 두뇌의 회전이나 반응 속도는 왜 사람마다 차이가 날까요.

세간에서 말하는 '머리가 좋다' 또는 '현명하다'라는 것은 사회적 적응성의 문제와 관련이 크므로 정확히 평가하기 어렵다고 말한 바 있습니다. 2장에서 언급했듯이 y=ax에서 a가 적정한가 그렇지 않은가의 문제이기도 한데, 그것을 과학적이고 객관적으로 평가할 수는 없으니까요. 과학적으로는 장례식에서 우는 것이 옳은지 웃는 것이 옳은지 판단하기 힘듭니다. 유명 작가의 작문과 어린이의 작문 중 어느 쪽이 훌륭한지도 과학적으로 평가하기 힘듭니다.

반면 수학에서의 암산 속도는 측정하기 쉬워 보입니다. 그러나 이것 또한 그렇게 간단한 문제는 아닙니다. 왜냐하면 똑같은 암산이라도 사람에 따라 뇌의 전혀 다른 부분을 사용하는 경우가 있기 때문입니다.

나는 중학생 때 교내 암산 대회에서 우승한 적이 있습니다. 그때 결승에서 대결한 상대는 주산에 능한 학생이었습니다.

아시다시피 이런 사람은 머릿속에 실제 주판을 떠올려 암산을 합니다. 즉 시각적인 영역을 사용하는 것입니다.

한편 나는 주산을 잘하지 못하므로 머릿속으로 그저 계산만 합니다. 똑같이 암산을 하더라도 뇌 속에서 사용하는 부분이 서로 다릅니다. 대회에서는 결과를 비교해 우열을 가릴 수 있지만, 뇌의 활동은 비교할 도리가 없습니다.

이와 비슷한 사례가 물리학자 리처드 파인먼의 저서에 나옵니다. 그는 책을 읽으면서 동시에 '1, 2, 3……' 하고 시간을 정확히 카운트할 수 있다고 합니다.

그 얘기를 들은 그의 친구가 "나는 책을 읽으면서는 그렇게 할 수 없지만 이야기를 나누면서 머릿속으로 숫자를 카운트할 수는 있어."라고 말합니다. 거짓말, 하고 생각했지만 사실이었습니다. 그 친구에게 어떻게 그게 가능하냐고 묻자 친구는 '머릿속에서 하루씩 날짜가 적힌 달력을 넘긴다'라고 대답했답니다.

다시 말해서 그의 친구는 주산의 달인이 그랬듯이 시각적으로 수를 헤아렸던 것입니다. 파인먼의 경우 머릿속에서 '하나, 둘……' 하며 숫자를 그대로 세었기 때문에 동시에 말을 할 수는 없었습니다.

이치로의
비밀

일단, 추상적으로 '머리가 좋다'가 아니라 객관적으로 측정할 수 있는 '운동 능력'을 생각해 보기로 하죠. 이것 또한 뇌의 '출력'임에 틀림없고, 그런 의미에서 역시 일종의 정보 처리 능력이라고 볼 수 있습니다.

이치로 선수는 어떻게 해서 보통 사람의 능력을 훌쩍 뛰어넘는 '반응 속도'를 보일까요? 투수가 던지는 공을 보고 손발을 움직이는 행위는 뇌가 시각적 자극을 받아 근육을 움직이라고 지령을 내렸기 때문입니다. 그러므로 빠르게 반응하려면 당연히 뇌의 어딘가가 빨라야 합니다. 이런 유형의 '천재'는 뇌가 대체 어떤 식으로 작동할까요.

보통 사람과 똑같은 경로로 신경 세포에서 신경 세포로 자극이 전달되어서는 보통의 반응밖에 나오지 않을 겁니다. 그렇다면 보통 사람보다 반응이 빠른 이유는 무엇일까.

아마도 시냅스를 상당 부분 건너뛰는 것이 아닐까 하는 게 내 생각입니다. 지각계의 신경 세포에서 정보가 들어가 그것이 운동계의 세포에 전달되기까지 시냅스를 많이 거치면 많이 거칠수록 반응이 느려집니다. 반응이 빠른 이유는 시냅스 몇 개를 도중에 생략하기 때문이 아닐까 싶습니다. 보통 사람은 A→B→C→D로 나아가지만, 이치로는 A→D로 B와 C를 건너뛰는 식이죠.

스포츠 천재는 바로 이런 능력을 갖춘 사람일 겁니다. 이치로 선수나 마쓰이 선수의 능력은 이렇게 생각하지 않으면 설명이 불가능합니다. 그리고 이러한 능력은 어느 정도 선천적이라고 생각합니다.

뇌는 종종 운동에 대해 억압적으로 작용합니다. 어디까지나 일반론이지만, 초등학생 나이에 활발하고 운동을 잘하는 아이는 공부가 별로 뛰어나지 못하고, 공부가 뛰어난 아이는 운동을 잘하지 못하는 경우가 많습니다.

'생각'을 한다는 것은 대뇌 피질 내에서 갖가지 자극을 내보냈다가 받아들였다가 하는 일입니다. 그것과 운동 속도는 별개의 것입니다. 뇌가 작동하는 방식에 따라 어느 쪽이 적합하고 어느 쪽이 적합하지 않은지, 그 방향성이 판가름 납니다.

무슨 일이든 심사숙고하는 것이 좋다고 해서, 투수가 공을 던진 후 '이 공은 외각으로 흐르는 커브이니 오른쪽으로 밀어 치면 안타가 날 확률이 높아.'라고 생각하는 타자는 결코 공을 칠 수 없겠죠.

다만 둘 중 어느 한쪽은 똑똑하고 다른 한쪽은 바보다, 라는 식으로 단정할 수 있는 문제가 아님은 말할 필요조차 없습니다. 물론 운동 능력이 뛰어난 나가시마 시게오 씨(일본 야구의 전설로 불리는 전 프로 야구 선수이자 감독-편집자) 같은 사람도 뇌의 다른 부분이 망가져 있었다면 그토록 훌륭한 선수가 될 수 없었을 겁니다. 그리고 그도 보통 사람과 다른 부분은 극히 일부일 뿐입니다. 아주 미묘한 부분에서 균형이 잘 잡혀 있는 것이죠. 하지만 나가시마 시게오 씨의 언어 감각이 보통 사람과 다른 것은(나가시마 시게오는 특이한 언어를 사용하는 것으로도 유명했다.-편집자) 그에게 탁월한 운동 능력을 선사해 준 '시냅스를 건너뛰는 능력'과 관련이 있을지도 모릅니다.

사실 언어 능력이 보통 사람과 다른 사람이 대신 다른 분야에서 탁월한 재능을 보이는 경우가 드물지 않습니다. 기억력의 예에서 보듯이 천재적인 사람이 어느 부분은 유독 발달해 있지만 또 다른 부분은 크게 결여되어 있다든가 하는 것과 마찬가지입니다.

다만 엄밀히 말해서 똑같이 운동 능력이 뛰어난 선수라도 나가시마 씨와 이치로 선수가 각각 뇌의 다른 분야를 사용할 가능성은 충분합니다. 그것이 한 사람은 시각이고 다른 한 사람은 청각일지도 모르죠. 어떤 경우라도 A→D라는 '건너뛰기 작업'이 이루어지고 있을 거라고 생각합니다.

피카소의
비밀

천재란 한마디로 말하자면 A→D라는 식으로 일부 과정을 생략하거나 아니면 일부 능력이 결여되어 있는 사람이라고 할 수 있습니다. 예술 분야에서는 피카소가 좋은 사례입니다. 피카소의 그림은 언뜻 보기에 매우 뒤죽박죽인 것처럼 보입니다. 그러나 자세히 살펴보면 역시 보통 사람이 아닌 천재의 작품이라는 것을 알게 됩니다.

피카소의 그림에 관해 이와다 마코토(岩田誠) 도쿄 여자 의대 교수가 흥미로운 분석을 내놓은 적이 있습니다. 예를 들어 큐비즘 시대의 회화는 공간 배치가 뒤죽박죽입니다. 코가 옆쪽을 향해 있는데 얼굴은 정면을 향해 있는 그림이 비일비재하니 뒤죽박죽으로 보이는 것도 당연합니다.

하지만 그에 비해 부분 부분의 데생은 상당히 정확합니다. 즉 모델인 인간이나 사물을 여러 방향에서 보고 묘사한 그림을 뒤섞어 합체한 듯한 형상입니다.

데생에 필요한 공간 배치는 일반적으로 시각의 중요한 네 가지 기능 중 하나입니다. 그것이 무너진 상태라면 그 사람에게 이 세상은 피카소의 큐비즘 그림과 같이 보일 것입니다.

물론 피카소 자신은 보통 사람과 똑같은 일상생활을 영위했고, 아시다시피 초기에는 상당히 정통적인, 이해하기 쉬운 그림을 그렸습니다. 그렇다면 그는 왜 큐비즘적인 그림을 그리게 된 것일까요.

그는 모델 한 사람을 이쪽저쪽에서 바라보며 데생을 해서 조각조각 이어 붙이지는 않았습니다. 아마도 그는 그림을 그릴 때 정상적인 공간 배치 능력을 의식적으로 지워 없앴을 겁니다. 피카소는 그러한 일을 의식적으로 했습니다. 질병으로 어떤 능력이 사라져서 자신도 모르게 피카소처럼 그림을 그리는 경우도 있지만, 피카소 자신은 그렇지 않음에도 의도적으로 그런 그림을 그린 것입니다.

그는 자신의 시각야를 매우 자유롭게 조절할 수 있었습니다. 그것은 보통 사람이라면 할 수 없는 일입니다.

공간 배치가 뒤죽박죽인 그림을 아무리 머릿속으로 떠올리려고 해도 특정한 기능이 작동하지 않도록 하는 일을 우리는 마음대로 할 수 없습니다. 눈으로 들어온 시각 정보는 자연히 정상적인 이미지가 머릿속에서 형성됩니다. 그런 기능을 임의로 억제해서 작동하지 않도록 해야만 피카소 같은 그림이 나옵니다. 경험적으로 그렇게 할 수 있다는 것은 대단한 능력입니다.

뇌의
조작

이런 종류의 천재는 자신의 뇌를 조작할 수 있습니다. 물론 우리 같은 보통 사람도 여러 가지 의미에서 뇌를 조작하고 있습니다. 그러나 그것은 이른바 '의사(意思) 수준의 행위'입니다. 예를 들어 '건강에 해로우니 금연하겠다' 하는 식입니다. 그런데 피카소의 경우에는 공간 배치 능력을 뇌 속에서 자유자재로 조절하여 그것을 그림으로 표현합니다. 보통 사람에게는 불가능한 일이죠.

축구 선수 나카타 히데토시는 자동차를 운전하면서 눈길을 다른 곳으로 돌려도 앞이 보인다고 합니다. 그도 보통 사람과는 공간 인식 능력이 다른 듯합니다.

어쩌면 그는 운전을 하면서 조감도를 머리에 떠올리는지도 모릅니다. 조감도가 순식간에 구성되는 것이지요. 위에서 차를 내려다보며 이 차가 지금 어느 위치에 있고 어느 정도의 속력으로 가고 있다고 말하는 식입니다. 그러니 다른 곳으로 눈을 돌려도 사고가 일어나지 않습니다. 이 또한 보통 사람과는 다른 공간 인식 능력의 일종입니다.

다양한 타입이 존재하는 '천재'의 뇌도 외견상으로는 우리와 다를 바가 없습니다. 운동 능력이나 예술가의 능력에 관해서는 이러저러한 가설을 세울 수 있지만, 그것은 뇌의 물리적 구조에 의해 생기는 차이가 아닙니다. 이른바 '학업 성적'이나 'IQ' 등은 뇌를 보아 알 수 있는 것들이 아닙니다.

머리가 좋고 나쁨과 뇌의 상관관계가 자주 언급되지만, 무엇을 기준으로 할지 규정하기는 힘듭니다. 게다가 뇌 그 자체는 균질적인 것이어서 외형이나 기능으로 현명한 뇌인지 바보의 뇌인지를 판단하는 것은 현실적으로 어렵습니다.

폭주하는
뇌

뇌를 관찰하여 현명한지 그렇지 않은지를 판별하기는 몹시 어렵지만, 한편으로 최근에 문제가 되고 있는 '뇌가 폭주하는' 현상에 관해서는 실험을 통해 꽤 많은 내용이 알려져 있습니다. 결론부터 말하자면 뇌의 전두엽의 기능이 떨어지면 행동을 억제하기 어려워집니다.

이것은 교육 관련 연구에서 얻어진 다양한 데이터를 통해 명백히 규명되었습니다. 가장 이해하기 쉬운 사례로서 신슈(信州) 대학 교육학부에서 오랫동안 계속해 온 실험이 있습니다.

그 내용을 단순하게 설명하면 이런 것입니다. 우선 어린이의 눈앞에 빨간 램프와 노란 램프를 설치한 뒤 손이 닿는 곳에 스위치를 놓아둡니다. 그리고 빨간 램프에 불이 들어오면 가만히 있고 노란 램프에 불이 들어오면 스위치를 누르도록 합니다. 단, 스위치를 누르는 속도는 따지지 않습니다. 그러므로 늦더라도 정확히 반응하는 것이 중요합니다.

그런데 어린이들은 눈앞에 스위치가 있으면 대뜸 누르고 싶어 합니다. 빨간 램프에 불이 들어왔을 때 스위치를 누르면 당연히 잘못 누른 것이고, 그렇게 잘못 누른 비율을 측정해 행동의 정확도를 파악합니다.

초등학생 중에서는 고학년이 당연히 정확도가 높습니다. 그런데 약 삼십 년 전 초등학교 저학년 학생들의 점수와 지금의 초등학교 고학년 학생들의 점수가 거의 같다고 합니다. 간단히 말하면 지난 삼십 년 사이에 학생들의 발육이 4~5년 늦어진 것입니다.

이 실험의 포인트는 '억제'입니다. 즉 빨간 램프에 불이 들어왔을 때는 스위치를 누르지 않고 참아야 합니다. 이렇게 참을 때 전두엽에는 혈액이 모입니다. 이것은 전두엽이 기능하고 있다는 얘기입니다. 전두엽이 기능하면 스위치를 누르지 않고 참을 수 있습니다.

이 실험에서는 속도를 문제 삼지 않으므로 스위치를 누르지 않고 참으면서 판단하는 것이 옳은 방법입니다. 램프에 불이 들어오면 가만히 생각해 보고 '노란 램프에 불이 들어왔으니까 누르자'라고 판단하면 됩니다.

그런데 참지 못하니까 대뜸 누르고 봅니다. 참는 능력의 발육이 지난 삼십 년간 4~5년이나 늦어진 것입니다.

또 다른 실험으로 심리 카운슬러인 미사와 나오코(三沢直子) 메이지 대학 교수가 1981년과 1997년에 진행한 비교 실험이 있습니다. 어린이에게 '사람', '나무', '집'의 세 가지를 그려 보게 하는 것인데, 똑같은 주제의 그림에 16년의 사이를 두고 경향의 차이가 상당히 크게 나타났습니다.

예를 들어 1981년 어린이들의 그림에는 이 세 가지 주제와 관련해 하나의 스토리 혹은 테마가 있었습니다. 즉 집 안에 사람이 있고 밖에 나무가 서 있는 식의 현실적인 구도로 그렸습니다. 당연히 사람, 나무, 집의 균형도 현실과 일치했습니다. 사람보다 집이나 나무를 크게 그린 것입니다.

그런데 1997년 아이들은 초등학생이 되어서도 이 셋의 균형이 뒤죽박죽입니다. 집이 극단적으로 작기도 합니다. 그 외에 공격성을 드러낸 그림이 많다는 특징 등, 예전 어린이들과의 차이가 현저히 드러납니다. 이런 현상도 전두엽의 활동과 관계가 있지 않을까 싶습니다.

충동 살인범과
연쇄 살인범

'폭주하는 뇌'는 비단 일본에서만 문제가 되는 것이 아닌 듯합니다. 미국의 경우 충동 살인범의 뇌를 조사해 보니 하나같이 전두엽의 기능이 떨어져 있었다고 합니다. 이것은 다시 말해서 충동 살인범이란 뇌의 측면에서 볼 때 억제가 듣지 않는, 즉 참을성이 없는 사람이라는 뜻입니다.

반대로, 연쇄 살인범은 전두엽의 기능이 떨어져 있지 않습니다. 경찰에 잡히지 않고 범행을 계속하려면 판단력이 정상이어야 하므로 당연합니다.

그렇다면 연쇄 살인범은 어느 부분이 보통 사람과 다를까. 편도체(扁桃体)라는, 선악 판단 등에 관여하는 부분의 활성도가 높습니다. 그곳이 활발하게 움직이고 있는 것입니다.

자동차에 비유하자면 편도체는 사회 활동에 대한 액셀러레이터, 전두엽은 브레이크에 해당합니다. 그러니까 충동 살인은 브레이크가 듣지 않는, 즉 전두엽이 제대로 기능하지 않는 사람이 저지르는 범죄입니다. 반대로 연쇄 살인은 액셀러레이터를 지나치게 밟아서, 즉 편도체가 너무 활발하게 움직여서 일어납니다.

참고로, 이와 같은 내용을 연구한 학자는 런던 태생인데,

런던은 살인 사건이 너무 적어서 재미가 없다며 LA로 이사를 했습니다. 그는 자기 자신의 뇌를 조사해 보고 자신이 연쇄 살인범형이라는 것을 알았다고 합니다.

그의 경우 범죄에 관한 왕성한 관심 또는 활성화된 편도체라는 핸들을 연구라는 방향으로 돌린 덕분에 훌륭한 연구자가 되었기에 망정이지, 자칫 반대 방향으로 핸들을 꺾었으면 연쇄 살인범이 되었을지도 모릅니다.

CT 등의 과학 기술을 활용해 범죄자뿐 아니라 평범한 사람의 뇌까지 조사해 본다면 좀 더 다양한 사실을 알 수 있을 것입니다. 그러나 이런 식의 연구에는 한편으로 위험한 측면이 있습니다. 즉 사회적으로 위험한 행위라며 문제시할 가능성이 있습니다.

그리고 범죄자의 뇌를 조사해서 기형이 인정될 경우 그를 어떻게 다루어야 하는지도 문제입니다. 유아 연속 살해범인 미야자키 쓰토무(宮崎勤)의 경우 정신 감정을 세 번이나 받았습니다. 만약 그의 뇌를 CT로 검사한다면 뭔가 알 수 있을지도 모르는데 사법 당국이나 경찰은 그러려고 하지 않습니다. 왜냐하면 현재의 재판이 단지 그를 사형으로 몰고 가려는 시나리오에 따라 움직이고 있기 때문입니다. 지금 벌어지고 있는 재판은 결국 일종의 의식에 가깝습니다. 괜히 CT 검사 따위를 했다가 심신 미약을 이유로 범인을 놓아주게 되는 것은 아닐까 하고 검찰은 두려워하고 있습니다.

범죄자의
뇌

사실 법률적인 문제와는 별개로 미야자키 쓰토무 같은 범죄자는 뇌 상태에 관한 데이터를 남겨 두어야 마땅합니다. 그런 종류의 범죄에 관해서는 강제적으로 뇌를 검사해도 좋다는 법률이 만들어져도 좋다고 생각합니다. '뇌가 이러므로 이 사람은 살인을 저질러도 어쩔 수 없다'라고 주장하기 위해서는 아닙니다.

범죄자의 뇌에 관해 과학적으로 데이터를 남기는 일 자체가 사회에 유용합니다. 책임 능력을 운운하는 것과 별개로, '반사회적 행위'에 관해서는 뇌의 데이터를 측정해도 좋다는 합의를 사회적으로 형성해야 하지 않을까 하는 것입니다. 실제로 범죄자에게 지문을 찍도록 하는 것처럼 말입니다.

그렇다면 이렇게 해서 수집된 데이터로 뭘 할 수 있을까요. 예를 들어 아직 아무 일도 저지르지 않은 젊은이의 뇌를 보며 그 유형을 판별할 수 있습니다. 물론, "이 젊은이는 위험하니 감금해야 한다." 따위의 난폭한 말을 하려는 것이 아닙니다. 뇌의 유형을 알게 되면 그에 맞는 교육이 가능해집니다.

미야자키 쓰토무 같은 범죄자가 앞으로 또 나타날지 어떨지는 모르겠지만, 나오지 않으리란 보장도 없습니다. 그렇다면 뇌의 유형이 그와 똑같은 사람에게 경고하거나 재교육의 기회를 줄 수도 있습니다.

이런 방식에 대해서는 갖가지 반론이 제기될 것이고 비판도 있을 수 있습니다. 예를 들면 입사 시험에서 뇌를 측정한 결과 불합격되었다며 소송을 벌이는 경우도 있을지 모릅니다.

그러나 그런 문제가 있으니까 불가능하다고 섣불리 결론을 내릴 일도 아닙니다. 현실 세계에서는 이미 신체 능력에 따라 갖가지 제한을 두는 일이 실제로 벌어지고 있습니다. 가령 적록 색맹인 사람에게는 '신호등의 적색과 청색을 구별하지 못한다'라는 이유로 운전면허를 주지 않습니다. 그러므로 유독 뇌만 특별하게 취급할 이유가 없습니다.

그러니 범죄자나 반사회적 행위를 저지른 사람의 뇌를 조사하는 문제는 반드시 논의되어야 한다고 봅니다.

조사를 실제로 하느냐 마느냐의 문제는 차치하더라도 논의할 수 있다는 것 자체가 건전하다고 생각합니다. 지금은 그 문제를 논의하는 일조차 차별 용어처럼 금기시되어 있습니다. 유럽과 미국에서는 이 문제에 관해, 막상 뇌를 조사했을 경우 인간의 자유의사를 어떻게 취급할 것인가 하는 데까지 논의가 진전된 듯합니다.

오타쿠의
뇌

최근에 문제가 되고 있는 '무기력한 아이들'의 뇌는 어떨까. 입력에 관여하는 계수 a가 제로인 경우도 있겠지만 그것만은 아닙니다. 실은 이것 또한 폭주하는 뇌와 마찬가지로 전두엽의 문제인 것 같습니다.

뇌에 정보가 입력되었다가 출력될 때, 뇌 속에서는 자극이 반환점을 한 번 돌아서 나옵니다. 즉 입력은 자기 쪽으로 들어오는 것이고 출력은 자기 쪽에서 나가는 것입니다. 뇌는 그 반환점이라고 할 수 있습니다.

조금 더 구체적으로 말하자면 뇌 속에서의 반환점은 전두엽 부근입니다. 지각계인 눈이나 귀에서 들어온 입력이 기본적으로는 전두엽에 집중됩니다. 전두엽에서 일단 뒤로 갔다가 최종적으로는 뇌 한복판에서 출력됩니다. 한복판이라는 말이 다소 애매한데, 간단히 설명하면 뇌 중앙에 홈이 파인 부분입니다. 그 바로 앞이 '운동야'라는 부분으로, 거기서 정보가 최종적으로 근육으로 출력됩니다. 그러니까 입력된 정보가 전두엽에서 반환점을 돈 후 순서대로 처리되어 결국 구체적인 운동으로 출력되는 것입니다.

우리가 '의사(意思)', 좀 더 알기 쉽게 말하자면 '할 마음'이라고 부르는 부분에 문제가 있는 사람은 바로 이 반환점(=전두엽)에 이상이 생긴 겁니다. 폭주하는 뇌와 마찬가지로, 무기력 또한 전두엽의 기능 저하에 의한 것으로 생각됩니다. 요컨대 뇌 속에서 정보가 반환점을 돌지 않는 것입니다. 그즈음에서 입력이 제로가 되고 맙니다.

소위 '오타쿠'라고 불리는 사람들은 종류가 또 다릅니다. 집에 틀어박혀 있다는 공통점이 있어서 무기력과 혼동하기 쉽지만 실은 전혀 다릅니다. 왜냐하면 그들은 특정한 일에 높은 관심을 나타내므로 출력이 상당하기 때문입니다. 특정한 사안에 대해서 계수 a가 플러스 방향으로 크게 움직입니다. 다만 그렇게 플러스 방향으로 움직이는 분야가 극히 한정되어 있다고 보면 됩니다.

좋아하는 애니메이션이나 만화 같은 정보에 대해서는 계수 a가 100에 이를 수도, 200에 이를 수도 있습니다. 물론 보통 사람 중에도 만화를 좋아하는 사람이 많지만, 그런 사람의 계수 a가 10이나 20이라면 오타쿠들의 계수 a는 그것과 자릿수가 다릅니다.

그런데 보통 사람들이 매력적인 이성에 대해 100 또는 200의 반응을 나타낼 때 오타쿠들은 제로 또는 기껏해야 한 자릿수의 반응만 나타낼지도 모릅니다. 이렇게 계수의 편향이 극단적인 사람이 바로 오타쿠들로, 그런 현상이 딱히 특수

한 것은 아닙니다. 이른바 전문가라고 불리는 사람들 중에는
이런 유형이 상당히 많으니까요.

7장

교육이 수상쩍다

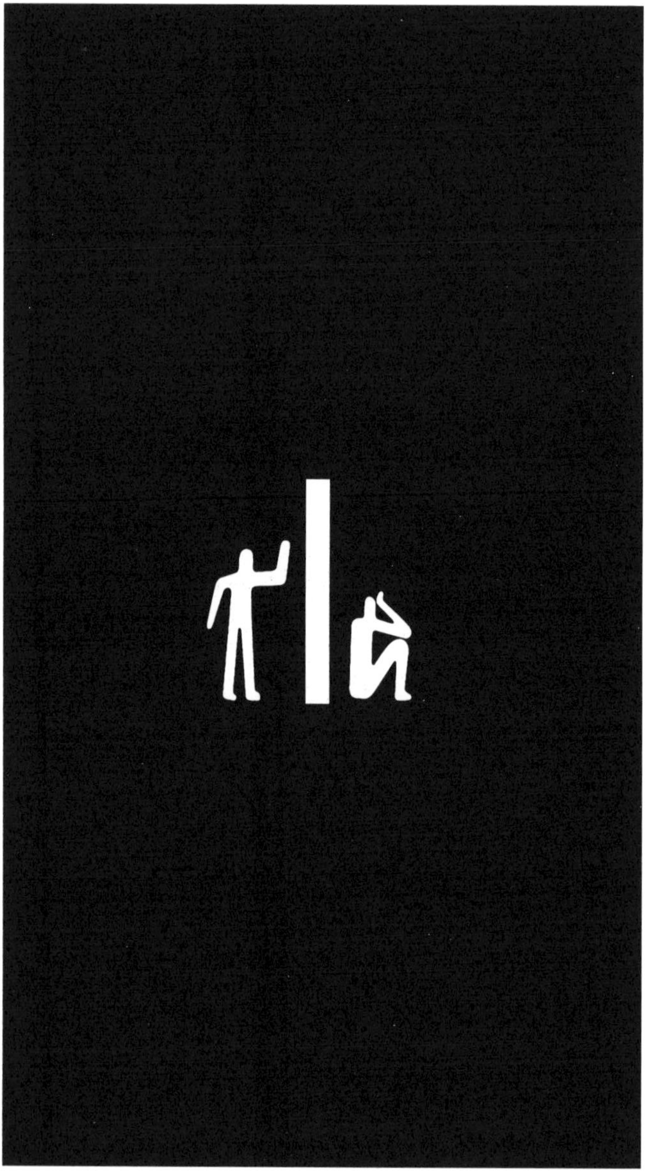

엉터리
자연 교육

학생, 더 나아가 교육이라는 행위 자체에 절망을 느낄 때가 많습니다. 도쿄대든 그 어디든 마찬가지입니다. 3장에서 말했듯이 젊은이들을 제대로 교육하려면 먼저 인간을 이해할 수 있도록 교육하고 당연한 일부터 가르쳐야 한다고 당부하고 싶습니다.

도덕 교육을 강화하라는 말이 아닙니다. 인간을 이해하는 일이 학문의 본질과 관련이 있기 때문입니다. 인간이 일상적으로 하는 일들을 전부 해 보지 않고서는 알 수 없는 것이 세상에는 너무나 많습니다.

'결혼하면 어떤 일이 벌어질까?'라는 의문이 생기는 것은 자연스러운 일입니다. 하지만 아무리 결혼에 관해 설명해 본들 의미가 없습니다. "한번 해 보세요."라고 말할 수밖에 없습니다. 실제로 해 보지 않고 백날 듣기만 해서는 아무 소용이 없다는 점은 말할 필요조차 없습니다.

교육에 관해 생각할 때면 막막한 느낌이 듭니다. 요즘 들어 학교마다 '여유 있는 교육'이니 '자연 학습'이니 하고 부르짖습니다. 얼핏 생각하면 이런 움직임이 지금까지 이 책에서 말한 '신체'나 '무의식', '자연' 등과 이어지는 것으로 여겨질지도 모르겠습니다.

그러나 실제로는 아무런 의미가 없습니다. 머리로만 알 뿐 행동이 따르지 않으니까요. 초등학교에서는 자연 학습이랍시고 학생들을 시골로 데려가곤 하는데 그저 형식적일 뿐입니다. 내가 관여하고 있는 어린이집에서도 계약되어 있는 고구마 밭으로 매년 한 번씩 고구마를 캐러 갑니다. 한번은 그곳에 가 보니 바로 옆에 똑같은 고구마 밭이 있는데 잎사귀가 전부 시들어 있는 겁니다. 거기 있는 분께 "저건 뭡니까?" 하고 물었더니 "유치원생들이 고구마를 캘 밭입니다." 하고 대답하더군요. "하지만 잎사귀가 전부 시들어 있는데요. 왜죠?" 했더니 "유치원생용 고구마는 아이들이 당기면 쉽게 뽑히도록 미리 캐 둡니다. 그랬다가 다시 묻으니 시들 수밖에요."라는 대답이 돌아왔습니다.

이건 사기입니다. 그곳에 있는 것은 자연이 아니라 인위적으로 마련된 환경일 뿐입니다. 그래서야 디즈니랜드나 테마파크와 다를 바가 없지 않습니까.

이런 상태를 이상하다고 생각하지 않고 올바른 교육으로

여깁니다. 교육에 종사하는 사람들이 이런 교육을 '자연 교육'이라고 큰소리칩니다. 자신이 옳다고 여기는 바보가 제일 큰 골칫덩이라는 걸 말해 주는 좋은 사례입니다. 어쨌거나 이런 교육은 아무런 의미가 없습니다.

'이라도, 밖에'
선생

교육 현장에 있는 사람들이 극단적인 일을 벌이지 못하도록 규제하다 보니 결국 아무것도 하지 못하는 상황에 빠지고 말았습니다. 실제로는, 몹시 엄격한 선생은 당시에는 학생들이 싫어할지라도 훗날 반드시 좋은 스승으로 기억됩니다. 설령 그것이 잘못된 교육일지라도, 적어도 반면교사로는 남을 수 있습니다. 그러나 최근에는 그런 엄격한 선생을 볼 수 없습니다. 자칫 잘못해서 교육 위원회나 학부모들에게 욕을 먹는 것보다는 애초에 아무 일도 하지 않는 편이 낫다는 사고방식 때문입니다.

반면교사로 남아도 좋다, 학생들이 싫어해도 상관없다, 그런 신념을 가진 선생이 없습니다. 왜 그렇게 되었을까. 지금의 교육이 학생들은 안중에도 없고 그저 교장, 교감이나 학부모, 심지어는 교육청의 눈치나 살피기 때문입니다.

흔히들 말하듯이 선생도 결국 샐러리맨이 되고 만 것입니다. 샐러리맨이란 월급이 나오는 쪽에 충실하지 일에 충실한 사람이 아닙니다. 반면 장인은 일에 충실하지 않으면 먹고살기 힘듭니다. 그리고 자신이 만드는 작품에 대해 책임지지 않으면 안 됩니다.

그런데 교육의 결과인 학생이 자신의 작품이라는 의식이 선생에게서 사라졌습니다. '이라도, 밖에 선생'이란 아이들을 바라보지 않고 월급이 나오는 곳만 바라보는 선생들을 비꼬는 말입니다. 직장만 있으면 그만이다, 월급만 나오면 그만이다, 그런 생각에 '선생이라도' 되었고 '선생밖에' 되지 못한 것입니다.

지금 이와 같은 교육 현장의 중심에 서 있는 사람들이 소위 '베이비 붐 세대'입니다. 대학을 자율화한다는 명목하에 투쟁해 온 세대가 그렇게 되어 버렸다니 참으로 아이러니한 일입니다. 하지만 나는 학원 분쟁 당시부터 그들의 말을 신뢰하지 않았습니다. 아니나 다를까, 그 세대가 이제 선생이 되어 이런 사태를 일으키고 있습니다.

'퇴학'의
진짜 의미

베이비 붐 세대, 전후 민주주의 세대 이래 통용되지 않게 된 말 가운데 하나가 '퇴학'입니다. 예전 공동체에서는 '퇴학'이 '복학'을 전제로 한다는 암묵적인 룰이 있었습니다.

본래는 퇴학을 당해도 교사 둘이 그 학생을 1년 동안 지도한 후 '개전의 정'이 보이느니 어쩌느니 하며 복학시켜 주곤 했습니다. 그렇게 공동체는 절대 사람을 쫓아내는 법이 없었습니다.

그런 룰이 상식의 대열에서 빠져 버린 것이 베이비 붐 세대부터입니다. 그래서 그들은 학원 분쟁 당시에 퇴학 처분을 받으면 다시는 학교로 돌아올 수 없다고 생각했습니다. 이름 그대로의 규칙이 되어 버렸기 때문입니다.

이와 관련해 구와바라 다케오(桑原武夫) 씨가 쓴 '모리 가이사부로 선생의 추억'이라는 흥미로운 에세이가 인상에 남아 있습니다. 모리 가이사부로 씨는 고등학교 교장으로, 구와바라 씨의 은사였습니다. 구와바라 씨는 대학 졸업 후 강사로서 모교로 돌아갔는데 이때도 모리 씨가 교장이었다고 합니다.

그가 고등학생일 당시, 학교에서 학생들의 대규모 데모가 일어났습니다. 결국 경찰이 개입하여 해결되었는데 이때 모리 교장은 50명도 넘는 학생들을 퇴학시켰습니다.

그런데 그 후 모리 교장은 퇴학자들을 대상으로 졸업 검정 시험을 실시해 그들을 실질적으로 졸업시켜 주었습니다. 더 나아가 각 대학을 돌며 퇴학자들이 성적이 우수할 경우에는 데모에 가담했다는 이유만으로 불이익을 주지 않을 것을 간청했다고 합니다. 즉 퇴학 처분을 내리기는 했지만 결국 구제한 것입니다. 공동체의 입장에서 구원의 손길을 내민 거죠.

한편, 그 후 모리 교장은 스스로에게 책임을 물어 학교를 그만두었습니다. 이것 또한 공동체의 논리입니다. 신상필벌을 엄격히 행하는 한편으로 젊은이들의 미래에 상처를 입히지 않도록 퇴학자들을 구제한 것이죠.

그런 테두리가 무너져 버린 것이 지금의 교육 현장입니다. 학생의 장래보다는 지극히 작은 공동체의 논리가 우선시되는 곳. 그러므로 '퇴학'은 말 그대로 학생을 추방하는 일이 되어 버렸습니다. 그 후의 구제는 없습니다. 어딘지 모르게 구조 조정의 형태로 직원을 내쫓는 회사들과 닮았습니다.

'나를 보고
배워라'

애초에 교육이란 스스로의 삶에 꿈이 있는 교사가 아니면 할 수 없는 일입니다. 결국 "너희들, 나를 보고 배워라." 하는 얘기니까요. 그런데 과연 자신을 보고 배우라고 할 정도로 훌륭하게 살아가는 교사가 얼마나 될까요. 기껏해야 교사가 되는 방법이나 가르칠 수 있지 않을까요.

그런 의미에서 교육이란 상당히 모순된 행위입니다. 따라서 나를 보고 배우라고 말하는 것이 무리라면 차라리 좋아하는 일이 있어서 그것을 학생들에게 전하기라도 해야 할 것입니다.

나는 학생들에게 인간에 관해서만 가르칩니다. 그리고 이것이 재미있는 주제라는 자신감이 있습니다. 물론 해부는 해부대로 재미있으므로 가르치라면 가르칠 수 있겠지만, 그건 어디까지나 이차적인 일입니다. 어찌 됐건 나 자신이 재미있어하는 것만 가르치겠다는 생각은 확고합니다.

해부에서는 자연적인 재료를 사용해 사물에 관해 생각하는 방법을 배웁니다. 그런 내용을 강의로는 배울 수 없습니다. 학문이라는 것은 살아 있는 것, 또는 끊임없이 변하는 사물을 정보라는 변하지 않는 내용으로 바꾸는 작업입니다. 그것이 진정한 학문입니다. 그 능력이 요즘 학생들은 매우 부족합니다.

반면 일단 정보화된 내용을 처리하는 능력은 대단히 뛰어납니다. 이것은 컴퓨터 안에서 모든 것을 움직이는 것과 같은 일입니다. 이미 정보화된 내용이 컴퓨터 안에 들어 있으므로 거기에 무엇을 어떻게 입력해야 하는지, 그 기능에만 뛰어납니다.

정보가 아니라 자연을 배워야 한다는 생각에는 인간 그 자체가 자연이라는 사실이 전제되어 있습니다. 그런데 그것을 모르는 학생이 많습니다. 요컨대 의사라는 직업은 바꾸어 말하면 인간 그 자체, 자연 그 자체를 사랑하는 사람이 아니면 불가능한 일임에도 현실은 그렇지 않습니다.

도쿄대에서는 연구자가 임상을 도는 것을 '1년 징역'이라고 표현합니다. 환자를 접하는 일이 엄청난 고통이라는 뜻이죠. 본말이 전도되었다고 하지 않을 수 없습니다.

도쿄대의
바보 학생

인상에 남아 있는 가장 곤혹스러운 사례는 도쿄대 구술시험에서의 체험입니다.

두개골 두 개를 책상 위에 올려놓고 학생에게 "이 두 뼈의 차이가 뭐지?"라고 물었습니다. 그러자 그 학생은 1분쯤 침묵을 지키다가 "이쪽이 더 큽니다."라고 대답했습니다. 나도 모르게 "자네, 지금 유치원에서 사과 두 개를 놓고 어느 쪽이 더 크냐고 묻는 줄 아나?"라는 말이 입에서 튀어나왔습니다. 실제로 있었던 일입니다. 기가 찰 노릇이죠.

그 학생에게는 다른 차이점이 눈에 들어오지 않았던 겁니다. 기껏 생각해 낸 차이점이 그것이었습니다. 실물을 보고 사고하는 습관이 전혀 형성되지 않았다는 것을 그때 깨달았습니다.

사실 이 질문에 대한 대답은 뭐라도 상관없었습니다. 내가 듣고 싶었던 것은 사물을 바라보는 방식이었으니까요. 수학처럼 정답이 있는 것은 아니었습니다. 수학적인 관점에서 보자면 '이쪽이 더 큽니다.'라는 대답도 틀린 것은 아닙니다. 그러나 눈앞에 실제로 존재하는 사물을 관찰한 결과치고는 너무 보잘것없었습니다.

가령 "상태를 보니 이쪽이 더 오래된 것 같습니다."라거나 또는 "이쪽은 젊은 남자의 것이고 저쪽은 여자의 것으로 보입니다."라거나, 그 무엇이라도 좋았습니다. 서로 다른 개체이니 차이점이 무수할 것이고, 떠오르는 대로 얼마든지 대답할 수 있었을 텐데 한쪽이 크다는 말로 끝이라니, 유치원생 수준 아닙니까.

이래서는 학생을 가르칠 의욕이 사라지고 맙니다. 그런 학생이 도쿄대를 졸업하고 몇 년 지나서 훌륭한 의사 선생님입네 하고 돌아다니면 그 책임을 누가 지겠습니까. 선생으로서 그런 학생을 제대로 가르치려면 일대일로 딱 붙어 있어야 하는데 그런 코미디 같은 짓을 할 수는 없겠죠.

그러다 보니 에라, 나도 모르겠다, 하고 포기해 버리게 됩니다. 다른 학교라면 그런 학생도 허용될지 모르겠습니다. 아아, 이런 학생도 있구나, 하고 생각할 수도 있죠. 하지만 최고 성적을 자랑하는 수재들이 줄을 선다는 곳에 그런 학생이 있다니, 학생 선발 방법 자체에 문제가 있지 않은가 싶습니다.

왜 시체를
감추는가

학생이 두개골을 보고도 아무것도 깨닫지 못한 것처럼, 실물에서 배우지 못하는 것은 모든 것이 가상현실이 되어 버렸기 때문입니다. 요즘은 눈앞에 누워 있는 시체를 보기 힘듭니다. 보통 사람이 시체를 목격한다면 '이게 뭐지?' 하고 생각할 겁니다. 그리고 조금 더 상상력을 발휘해서 생각하다 보면 나도 언젠가 이렇게 된다는 것을 알게 됩니다.

그런데 그것을 견디지 못하는 사람이 대부분입니다. 정치는 견딜 수 없는 것들을 감춥니다. 그래서 시체도 감춥니다. 그러나 견디기 힘든 마음을 억누르고 진득하게 바라보면 어떻게 되느냐 하는 것이 바로 학문입니다.

실제로 자신의 집에서 사체를 관에 넣어 보면 그것이 점점 굳어지고, 점점 차가워지며, 벌어져 있는 입이 좀처럼 다물리지 않는다는 등의 사실을 알게 됩니다.

학생들에게는 이렇게 생생한 감각이 필요합니다. '이쪽이 더 크다'라는 식으로는 안 됩니다. 그 정도의 감각으로는 아무것도 볼 수 없습니다. 물론 이쪽이 더 크다는 걸 아는 능력도 전혀 쓸모가 없는 것은 아니겠지만 말입니다.

이런 얘기를 해도 "그런 학생도 있는 법이야." 하며 대수롭지 않게 생각하는 선생이 수두룩한 것이 현실입니다. 그러나 나는 이 일이 몹시 마음에 걸렸습니다.

이런 경향은 최근 들어 더욱 심해진 것 같습니다. 적어도 우리 세대에는 그 정도로 초월적인 인격은 없었습니다.

옛날 학생들은 조금 더 세속적이었달까요, 말하자면 실물에서 정보를 얻는 것을 당연시했습니다.

내가 교양 학부 학생이던 시절에 공창이 폐지되었습니다. 폐지되던 날, 그 소식이 교실에서 화제로 떠올랐습니다. 다들 그게 뭔지 한번 체험해 보고 싶었던 것입니다.

좋고 나쁘고를 떠나, 그런 식의 호기심을 당연하게 여겼습니다. 실제로 여자를 사지는 않더라도 홍등가를 헤맨 경험들이 있었습니다. 그런 세계가 사라져 버리면 어떻게 될까. 일종의 지적 호기심이랄까, 무책임하다면 무책임하지만 자신의 일상과 다른 세계를 보며 뭔가를 생각합니다. 그런 자세가 당연했던 것 같습니다.

몸을
움직여라

수업을 하는 사람으로서는 모순일지 모르나 나는 학생들에게 늘 이런 말을 합니다.

"이런 동굴 같은 교실에서 나 같은 노인네의 생각이나 들을 일이 아니네. 당장 밖으로 나가서 몸을 움직이게."

그러는 편이 절대적으로 옳다고 생각합니다.

하지만 학생들은 몸을 움직이기는커녕 1교시부터 잠을 자곤 합니다. 이것은 이미 의식적 세계가 중심을 차지해 버렸기 때문입니다.

의식적 세계란 하잘것없으며 기본은 신체입니다. 그것은 험한 시대를 지내보면 알게 됩니다. 몸이 받쳐 주지 않으면 아무 일도 할 수 없습니다.

배가 고프면 싸움을 할 수 없다는 건 진리입니다. 에도 시대의 어느 무사는 '무사는 굶어도 이를 쑤신다'라고 말했다지만, 그건 에도 시대에나 통할 법한 말입니다. 무사가 먹지 않고 무사의 역할을 할 수 있을까를 생각해 보면 답은 명백합니다. 천하가 태평하니 정신을 못 차리고 그런 태평한 소리를 한 겁니다.

지금 어린이들이 자라는 환경은 우리가 자랄 때와는 매우 다릅니다. 태어날 때부터 텔레비전이 눈앞에 있고, 예전보다 훨씬 몸을 움직이지 않습니다. 아이들이 생물로서 운동을 싫어하게 되었다는 말은 아닙니다. 실제로 아이들을 산에 데리고 가면 얼마나 잘 걷는지 모릅니다. 애초에 아이들이란 가만 놔두어도 알아서 움직이는 존재입니다.

그런 아이들이 방에 틀어박혀 있는 것은 단지 돌아다닐 기회가 주어지지 않기 때문입니다. 어른의 입장에서는 밖에 나가면 위험하니까 집 안에서 노는 편이 훨씬 낫겠다고 생각하고 맙니다. 그래서 아파트 단지 안에만 있다 보면 벌레도 그 무엇도 접할 기회가 없습니다. 그런 환경에서는 아이가 자연스럽게 자라지 못합니다.

딱히 도시의 아이들에 국한된 일이 아닙니다. 시골 아이들이라고 해서 다르냐 하면 절대 그렇지 않습니다. 극단적인 사례로, 여름 방학이 되어 도시 아이들이 시골로 놀러 왔을 때에야 가까운 강에 가 봤다는 얘기도 들은 적이 있습니다.

키우기 힘든
아이들

아무리 터부가 많아도 뇌와 교육의 관계는 앞으로 철저히 연구되어야 합니다. 이미 두 가지 프로젝트가 진행되고 있습니다. 하나는 문부과학성의 '교육과 뇌'에 관한 프로젝트이고, 또 하나는 NHK의 '어린이에게 유익한 미디어'라는 이름의 프로젝트입니다. 양쪽 모두 '어린이의 발육과 뇌'가 주제입니다.

어린이의 뇌를 조사할 때 주의해야 할 점은 그 '방법'입니다. 과거에는 초등학교 5학년 학생을 전부 조사하고, 동시에 1학년 학생을 조사하는 식이었습니다. 이것을 '횡단적 조사 방법'이라고 부르는데, 이렇게 해서는 개개인의 차이가 드러나지 않습니다.

예를 들어 신장이나 체중을 조사해도 사람마다 발육이나 성장 정도가 다를 텐데 그런 점들이 파악되지 않습니다. 그저 5학년생과 1학년생의 평균적 차이를 알 수 있을 뿐이죠.

하지만 한 사람을 계속 추적할 경우, 무슨 일이 일어나면 그 일이 일어나기 전에 있었던 현상과의 상관관계를 통계적으로 알 수 있습니다. 같은 개체를 추적하지 않으면 불가능한 일입니다.

실제로 후생성에서 이런 방법을 사용해 조사한 결과가 있습니다. 고등학생 때 비행을 저지른 사람의 과거를 추적하자 하나의 경향이 통계적으로 발견되었습니다. 그 사람의 가족에게 계속 앙케트를 실시하는 방법을 사용했는데, 고등학생 때 비행을 저지른 사람은 세 살까지 그 어머니가 '이 아이는 참으로 키우기 힘들다.'라고 대답한 비율이 높다는 것이었습니다. 이 조사를 통해 이런 사람은 부모와의 관계에 아주 어릴 적부터 문제가 있다는 사실을 알게 되었습니다.

물론 이것만으로는 학생 본인에게 문제가 있었는지 아니면 부모에게 문제가 있었는지 알기 힘듭니다. 그것을 알려면 질문을 좀 더 구체적으로 해서 그 결과를 분석해야 합니다. 이런 조사 방식의 난점은 조사를 시작하는 시점에 미리 측정하고자 하는 바를 세밀하게 결정해야 한다는 것입니다. 당연히 품이 많이 듭니다.

아기의 뇌
조사

이런 종류의 조사는 수천 명 단위, 즉 선국적인 규모가 아니면 의미가 없습니다. 사실 교육이라는 것에는 그런 과학적 조사가 반드시 필요한데도 실제로는 거의 이루어지지 않습니다. 그리고 과학적 조사 없이 정책을 논의하니 늘 아마추어 담론의 수준을 벗어나지 못합니다. 문부과학성 관리에게 월급을 줄 예산이 있다면 그것을 뇌를 조사하는 쪽으로 돌리는 게 정책에 훨씬 도움이 될 듯합니다.

물론 이런 연구도 깊이 파고들면 파고들수록 문제점들이 드러날 겁니다. 한 개인의 배경이 되는 시대는 한 번뿐입니다. 1940년대에 태어난 사람의 20년과 1960년대에 태어난 사람의 20년은 당연히 다릅니다. 그 시대를 연구해서 알게 된 결과는 그 시대 아이들에게만 적용해야 한다는 주장도 나올지 모릅니다. 설령 그렇다 해도 조사를 해야 한다고 생각합니다.

최근에는 기술의 진보 덕분에 앙케트라는 원시적인 방법에 의지하지 않고 조금 더 과학적으로 측정할 가능성이 열렸습니다. 히타치 사가 개발한 '광토포그래피'가 그중 하나입니다. 머리에 옴진리교에서 사용했던 것과 비슷한 헤드기어를 씌우고 적외선으로 뇌의 어느 부분에 피가 모이는지 조사하는 것입니다. 이 장치는 그저 머리에 씌우기만 할 뿐 아무런 고통을 주지 않으므로 어린이의 뇌를 측정하는 데도 큰 어려움이 없습니다. 움직임을 억제하기 힘든 어린이에게 CT나 MRI 같은 장치를 사용하려면 무척 힘이 들 것입니다.

이 장치를 아기에게 사용한 실험이 프랑스에서 있었습니다 (이런 종류의 실험을 일본에서 시도한다고 하면 여기저기서 들고일어나

무척 시끄러워집니다). 그 결과는 다음과 같습니다.

먼저 텔레비전 뉴스에서 모국어가 흘러나오는 것을 들으면 아기도 언어를 관장하는 좌뇌로 혈액이 모입니다.

그런데 뉴스를 녹화한 테이프를 거꾸로 돌리자 혈액이 거의 모이지 않았습니다. 거꾸로 돌려 아무 의미가 없는 소리가 들리자 아기가 반응하지 않은 것입니다. 아직 말을 모르는 시기부터 뇌는 이미 무의미한 소리와 언어를 구별한다는 얘기입니다.

8장

일원론을 넘어서

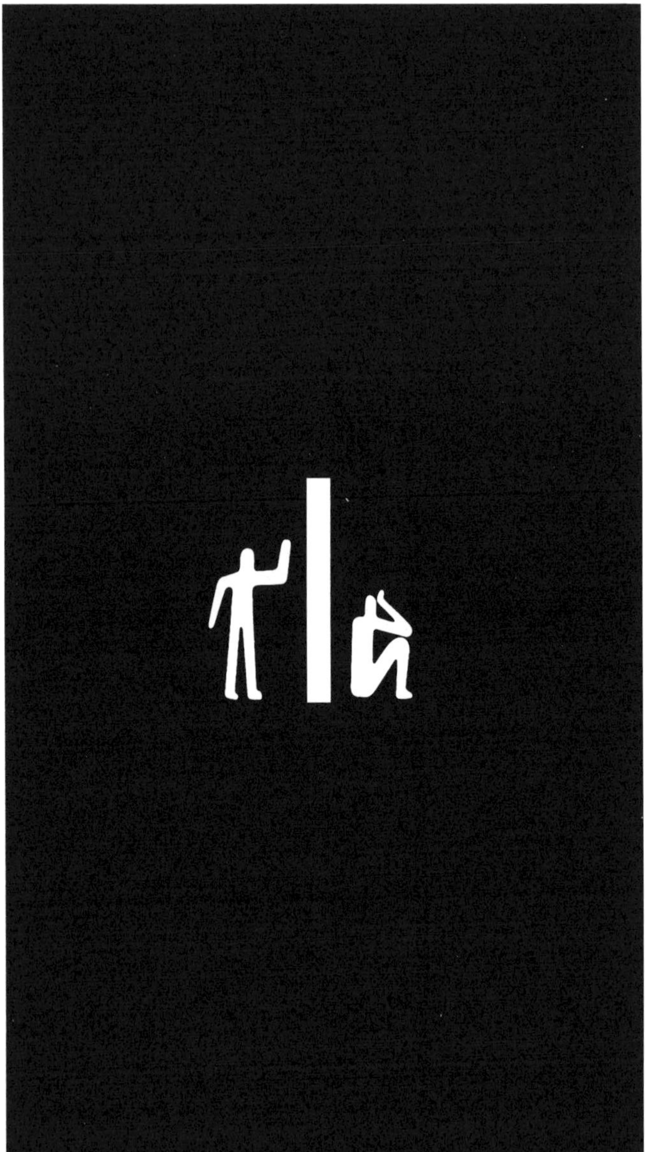

합리화의
말로

지금까지 '바보'에 관해서, 그리고 사고 정지를 부르는 상황과 뒤죽박죽 역전이 일어난 상황에 관해서 이야기해 봤습니다. 또한 현대인이 생각 없이 자신의 주변에 벽을 쌓는다는 점, 언제부터인가 소중한 것들을 잊고 산다는 점을 지적했습니다.

이에 대해 "어딘가 이상하다는 건 알겠지만, 그럼 어떡하란 말이냐?"라는 의문이 생기는 것은 당연합니다.

'인생의 의미'를 왜 생각해야 하느냐에 관해서는 앞에서 이미 프랭클의 말을 빌려 설명했습니다. 그 주제는 '우리에게 바람직한 사회 또는 공동체는 어떤 것인가', '우리는 어떤 상태를 행복이라고 느끼는가' 같은 것들이었습니다.

우리는 오늘까지 단조로운 사회를 만드는 데 온 힘을 다했습니다. 예를 들면, 옛날부터 일하지 않아도 먹고사는 상태에 가까워지려는 소망이 공통의 원동력으로 작용해 생활이 이토록 편리해졌습니다.

옛날에는 열 가족이 함께 농사짓던 논을 지금은 한 가족이 충분히 관리할 수 있게 되었습니다. 그렇게 되면 나머지 아홉 가족은 손이 빕니다. 농촌 인구가 줄어드는 것은 당연합니다. 아홉 가족이 다른 일을 찾아야 하니까요. 기계화 등의 합리화에 따라 한 가족만 일해도 옛날에 열 가족이 일했던 것보다 수확이 많습니다. 지금보다 비료와 기계 등이 더 발달하면 수확이 더 나아질지도 모릅니다.

그럼 그 나머지 아홉 가족은 어떻게 되는 걸까요. 합리화를 부르짖으며 줄곧 그 방향으로 나아가고 있는데, 그런 식으로 일을 합리화해 가면 결국 인간의 노동력이 남아돌 것은 자명합니다. 이렇게 남아도는 사람들은 일하지 않아도 괜찮은 걸까요?

만약 일하지 않아도 좋다는 대답이 나온다면, 그 사람들은 과연 뭘 해야 하느냐는 대답을 준비해야 합니다.

퇴직 후 하루하루가 일요일과 같은 노인이 바로 그런 상태가 아닐까 합니다. 그리고 그런 상태를 이상적이라고 여기는 사람은 이제 거의 없습니다. 이렇게 될 것을 전혀 예견하지 못하고, 좋게 말하면 천진난만하게, 나쁘게 말하면 무책임하게 여기까지 달려왔습니다. 그런데도 여전히 합리화를 외치는 사람이 있다니, 도무지 이해가 가지 않습니다.

카스트는
워크셰어링

선진국들과 달리 인도는 합리화라는 방식을 채택하지 않았습니다. 극단적으로 말하면 연필을 떨어뜨려도 떨어뜨린 사람이 줍지 않습니다. 그 연필을 줍는 계급이 따로 있습니다.

이것을 최근 용어로 표현하면 '워크셰어링(Work Sharing)'이 이루어지고 있는 것입니다. 사실 카스트 제도는 완벽한 '워크셰어링'입니다. 원래는 혼자서 할 수 있는 일을 세분화하여 사회 각 계층에 할당하기 때문입니다. 인도에서는 그런 워크셰어링이 정착되어 있습니다.

물론 인도의 카스트 제도를 도입하자는 말은 아닙니다. 그러나 우리도 무엇을 어떻게 나누어야 할지 진지하게 생각해 보아야 합니다. 이것을 소득의 재분배라고 바꾸어 말해도 좋겠지만, 거기서 한 걸음 더 나아가 일을 분배하지 않으면 안 됩니다.

순수하게 기능주의적 입장에서 말하자면, 그 사람이 아니고서는 할 수 없는 일이 반드시 있을 것입니다. 한데 그 사람에게 그 일을 맡긴다 해도, 누가 그것을 돕고, 거기서 얻어지는 수익을 어떤 식으로 분배하느냐 하는 것이 사회의 공평성을 유지하는 데 매우 중요한 문제입니다.

그것이 구체적으로 어떤 형태로 나타나는 사회가 이상적인 사회인가에 대한 해답은 나 자신도 아직 내놓지 못했습니다. 다만 그것이 일하지 않아도 먹고사는 사회는 아니라는 점만은 분명히 말할 수 있습니다.

일하지 않아도 먹고사는 삶의 궁극적인 형태가 홈리스라는 말은 이미 앞에서 했습니다. 사회가 아직 어딘가 뒤처져 있어서 홈리스가 생겨나는 것인지, 혹은 본래 건전한 사회의 모습은 각자가 어떤 식으로든 일을 하는 상태인지, 아주 기본적인 이런 문제들을 다시 한 번 되물을 필요가 있습니다.

주부는
건강해

문제는 홈리스만이 아닙니다. 가정주부도 가사 노동이 옛날보다 훨씬 줄어 편해졌습니다. 버튼 한 번만 누르면 밥이 되고, 씻지 않아도 되는 쌀까지 나왔습니다. 세탁도 마찬가지입니다.

그런데도 '집안일은 끝이 없다', '가사가 얼마나 힘든지 남자들은 모른다'라고 외칩니다. 물론 하나하나 따지다 보면 틀린 말이 아니겠지만, 어찌 되었든 주부의 여가가 늘어난 것만은 틀림없습니다.

그런 식으로 주부를 한가롭게 만들어 놓고 그다음에는 무엇을 줄 것인가, 주부는 그 여유로운 시간에 무엇을 할 것인가, 이제는 그것이 문제입니다. 재미있는 점은, 한가로워진 아저씨들이 축 늘어져 있는 반면 그녀들은 기운이 넘친다는 것입니다. 어쩌니저쩌니해도 그녀들에게는 아직 해야 할 일이 남아 있고, 그러려면 몸을 사용해야 하기 때문입니다. 그점이 남자와 다릅니다.

힘이 남아도는 주부들은 이웃들과 밖으로 나가서 돌아다닙니다. 집 근처를 산책하기도 하고, 고급 레스토랑에서 점심을 먹기도 합니다. 왁자지껄 꽃구경을 하기도 합니다.

적어도 주부들에게 그토록 생기가 넘치는 것을 보면 상당히 이상적인 사회가 지금 일본의 현실인 양 보이기도 합니다. 전쟁도 없고, 불황으로 상황이 조금 달라지기는 했지만 여전히 세계적인 경제 대국입니다. 그렇다면 평균적인 인간은 대체 무엇을 보장받아야 행복할까요.

욕망을 어떻게
억제할 것인가

인간이 어떤 상태에 놓여야 가장 행복한가. 이것은 정치가 맨먼저 생각해야 할 주제입니다. 실제로는 학자, 특히 철학자가 이 문제를 논의하는 경우가 많은 듯한데 그래서는 별 의미가 없습니다. 학자란 인간이 사물을 어디까지 이해할 수 있는가, 그것을 알고자 하는 사람입니다. 말하자면 인간이 얼마만큼 현명한지 알아내는 것을 직업으로 삼고 있습니다. 반면 정치가는 인간이 얼마나 바보인가를 파악해야 하는 직업입니다.

상대가 현명하다고 생각해서는 설교가 먹히지 않습니다. 상대가 얼마나 바보인지를 확실히 파악하지 않으면 상대를 설득할 수 없습니다. 상대를 움직일 수도 없습니다. 그러므로 정치가로서는 자격이 없습니다.

이처럼 학자와 정치가는 그 성질이 정반대입니다. 학자가 정치에 뛰어들었다가 실패하는 이유는 인간을 제대로 보지 못하고, 제대로 읽지 못하기 때문입니다.

즉, 플라톤이 말한 '철인 정치'란 성립하지 않습니다. 플라톤은 학자였기 때문에 늘 인간의 현명함에 관해 생각했고, 현명한 사람에게 정치를 맡기면 된다고 생각했습니다.

그러나 현실은 다릅니다. 보통 사람이 세상의 다수를 차지하고 있으므로 보통 사람이 어떤 상태에 놓여야 좋은가를 정확히 알지 못하면 잘못된 길로 가고 맙니다.

내가 옛날 일을 자주 거론하는 이유는 옛날 사람들은 그런 생각을 했기 때문입니다. 우선 떠오르는 것이 욕망의 문제입니다. 욕망은 현대 사회에서는 그다지 진지하게 논의되지 않는 주제입니다. 그래서 욕망을 욕망이 아닌 정의라고 여기는 사람이 매우 많습니다. 그런데 인간의 욕망을 선으로 간주해 버리면 결국 금권 정치의 길로 가게 됩니다.

욕망이란 단순히 성욕이나 식욕, 명예욕에 그치지 않고 세상 온갖 것을 욕망이라고 부를 수 있습니다. 권력 지향도 물론 욕망의 표현이지만, 학문에서는 그것이 이치라든가 사상이라는 형태로 표출됩니다. 저널리즘에도 어떤 의미에서는 여러 사람의 의견을 자신의 사고방식으로 통일하려는 욕망이 배후에 깔려 있습니다.

그렇게 생각해 볼 때 결국 모든 것의 배경에는 욕망이 있습니다. 그 욕망을 정도껏 발휘하라는 것이 불교의 가장 중요한 가르침입니다. 사람은 누구나 욕망이 있고, 그것이 없으면 인류가 멸망하고 만다는 것을 알지만, 그것을 함부로 펼쳐서는 안 된다는 것입니다.

욕망의 병기

욕망에도 종류가 많습니다. 예를 들어 식욕이나 성욕은 일단 채워지면 사라집니다. 이 욕망들은 동물에게도 있습니다. 그런데 인간의 뇌가 커지고 발달하면서 어떤 종류의 욕망에는 제한이 없어졌습니다.

돈에 대한 욕망이 그 전형입니다. 한이 없습니다. 말하자면 그런 욕망은 본능적, 또는 유전자적으로 억제가 불가능합니다. 따라서 억지로라도 억제를 하지 않으면 안 됩니다.

근대의 전쟁은 어떤 의미에서는 욕망이 폭주한 상태라고 할 수 있습니다. 그리고 그 원인이 금전욕이나 권력욕이 수면 위로 드러났기 때문만은 아닙니다. 전쟁의 수단이라는 측면 에서도 욕망이 폭주했다고 할 수 있습니다.

왜냐하면 전쟁이 상대가 죽는 모습을 전혀 보지 않고 상대 를 죽일 수 있는 방법을 개발하는 방향으로 진화하고 있기 때 문입니다. 미사일이 그런 무기의 전형입니다. 파괴된 상황을 굳이 보러 가는 병사는 없을 겁니다. 자신이 누른 버튼이 어 떤 결과를 초래했는지 보지 않아도 됩니다. 시체를 보지 않아 도 됩니다.

원자 폭탄도 마찬가지입니다. 원자 폭탄을 투하한 다음 날 "이게 당신이 한 짓이야." 하고 현장을 보여 준다면 그 어떤 조 종사도 더는 폭탄을 떨어뜨리려 하지 않을 겁니다. 몇만 명, 아니 몇십만 명의 피해자가 눈앞에 나뒹굴고 있을 테니까요.

그 결과에 직면하기가 두려우므로 병기가 점점 간접화되 어 갑니다. 다른 말로 하면 몸에서 점점 멀어져 가는 것입니 다. 무기의 진화는 그런 방향으로 나아가고 있습니다. 서로 칼로 찔러 죽일 때는 억지력도 직접적으로 작용합니다. 눈앞에 있는 적을 찌르면 그 감촉이 손으로 전해지고, 피가 자신에게 튀고, 적은 눈앞에서 쓰러집니다.

정신 이상자가 아니라면 기분이 좋을 리 없습니다. 그래서 가능한 한 무기를 자신의 몸에서 떨어뜨리려고 합니다. 그런 욕망을 실현해 간 결과 무기에 의한 피해 규모가 점점 커지고 있습니다.

경제의
욕망

이와 매우 비슷한 현상이 경제의 세계에도 존재합니다. 백만 엔이 없어서 목을 매는 사람이 있는가 하면, 몇억 엔을 단숨에 벌어 물 쓰듯이 쓰는 사람도 있습니다. 너무 큰 금액은 돈을 실제로 접촉하지 않습니다. 무기로 말하자면 미사일이나 원자 폭탄과 똑같은 세계가 되었습니다. 욕망은 억제하지 않으면 몸에서 점점 멀어져 갑니다. 그 방향으로 나아가면 브레이크가 걸리지 않습니다.

돈이 현실적인 것들을 대표한다고 생각하기 쉽지만, 그렇지 않습니다. 돈은 현실이 아닙니다.

돈은 도시와 마찬가지로 뇌가 만들어 낸 것들의 대표로, 이것 또한 뇌의 작동 그 자체와 매우 비슷합니다. 자극이 눈으로 들어오건 귀나 배, 다리에서 들어오건 뇌는 그것을 전부 전기 신호로 바꾸어 버립니다. 신경 세포가 흥분한다는 것은 단위 시간에 얼마만큼의 임펄스를 내는가의 문제입니다. 돈도 똑같습니다. 눈으로 들어오건 귀로 들어오건, 10엔이면 10엔, 만 엔이면 만 엔, 단일한 전기 신호로 바뀌어 서로 교환되는 식입니다. 눈으로 보건 귀로 듣건 똑같은 전기 신호로 바뀌는 것과 마찬가지로 어떻게 벌건 돈은 똑같은 돈입니다. 돈의 세계란 그야말로 뇌의 세계입니다.

어떤 의미에서는 돈만큼 뇌에 들어오는 정보의 성질을 바깥으로 드러내 구체화한 것이 없습니다. 돈의 흐름은 뇌 속에서 신경 세포의 자극이 흐르는 것과 똑같습니다. 그것을 우리는 '경제'라고 부릅니다. 뇌는 이 흐름을 어떻게 하면 효율적으로 할 것인가를 늘 생각합니다. 경제의 경우에는 어떻게 코스트를 낮출까를 고민합니다.

예전에는 돈을 많이 벌어서 좋은 집을 짓고, 좋은 차를 사고 싶다는 식으로 돈과 실물을 연결했습니다. 물론 지금도 그런 현상이 없는 것은 아니지만 점점 돈이 실물에서 유리되어 이제는 신호만 주고받는 일이 많습니다.

그 결과 경제의 세계에는 실체 경제와 함께 '허상의 경제'라고 부를 만한 것이 존재하게 되었습니다. 허상의 경제란 돈을 사용할 권리만 왔다 갔다 하는 것을 말합니다.

빌 게이츠에게 몇백억 달러가 있다는 말은 그에게 몇백억 달러를 사용할 권리가 있다는 말에 지나지 않습니다. 그 권리가 다른 사람에게 가건 말건, 제삼자로서는 별 감각이 없습니다. 그 권리를 주고받는 면이 크게 부각될 뿐이죠. 그것이 허상의 경제입니다.

"이봐, 돈이 그렇게 많으니 다 쓰기도 힘들잖아. 나는 돈이 없으니까 나한테 좀 주게."

이런 식으로 서로 합의만 하면 곧바로 돈을 사용할 권리를 넘길 수 있는 것이 바로 허상의 경제입니다.

실체 경제

반면 실체 경제는 예전부터 있어 왔던 형태입니다. 이것은 실제로 물자가 왔다 갔다 하는 데 따른 비용의 대가로 돈을 지불하는 형태입니다. 그런데 실체 경제에는 큰 결함이 하나 있습니다. 정부가 돈을 자유자재로 찍어 낼 수 있다는 점입니다. 요컨대 태환권(소유자의 요구에 따라 즉시 금으로 바꾸어 줄 수 있는 화폐로, 금 본위 제도를 기반으로 한다.─편집자)이 아니므로 돈과 현물과의 관계가 단절되어 있는 것입니다. 완전한 신용 경제라 할 수 있습니다.

『화폐론』의 저자 이와이 카쓰히토 씨는 '화폐는 화폐로서 외에는 사용할 수 없다.'라고 했습니다. 돈 자체에는 아무 가치도 없습니다. 그것이 통용되는 이유는 내가 사용한 만 엔을 받은 상대가 그것을 똑같이 만 엔으로 사용할 수 있다고 생각하기 때문입니다. 이런 구조 속에서 통용되는 것이 화폐입니다. 여기에 실은 이렇다 할 근거가 없습니다. 그래서 화폐를 발행하는 데도 한도가 없습니다. '~라고 생각하는 구조'가 성립하는 이상 얼마든지 찍어 내도 상관없습니다.

이런 상황에서 생각해 보아야 할 문제는 국가가 경제 통계만을 중요시한다는 점입니다. 경제 통계라는 것에는 상당히 불건전한 부분이 있습니다. 왜냐하면 지금처럼 화폐를 자유롭게 찍어 낼 수 있는 상황에서는 통계 그 자체가 '술통 경제'나 다름없기 때문입니다.

술통을 가운데 두고 두 사람이 마주 앉아서, 한 사람이 다른 한 사람에게 100엔을 건네고 술을 한 잔 마십니다. 다음으로 100엔을 받았던 사람이 그 돈을 다시 상대방에게 건네고 술을 한 잔 마십니다. 그리고 술은 점점 줄어듭니다. 이것은 경제 통계를 극히 단순화하여 비유한 얘기입니다. 경제가 정상적으로 돌아가고 있음에도 눈앞의 술은 계속 줄어듭니다. 이것을 경제 발전이라고 부를 수 있을까요.

만일 태환권이라는 화폐 제도가 옳다고 본다면 최종적으

로 무엇을 그 근거로 해야 할까요. 나는 그것이 에너지가 아닐까 하고 생각합니다. 예를 들어 일정량의 석유에 대해 1달러라는 가격을 설정해 두면 그것이 어쩌면 가장 합리적인 태환권일 수도 있을 듯합니다.

화폐의 수량이 석유의 절대량에 비례하므로 석유가 바닥나면 화폐도 거기서 끝이라는 것을 알게 됩니다. 석유뿐 아니라 원전 1기당 얼마, 하는 식이라도 좋습니다.

요컨대 도시 생활, 즉 경제란 에너지가 없으면 성립하지 않습니다. 이것이 대전제입니다. 그렇다면 에너지 1단위를 기본 화폐 1단위로 설정하는 것도 실체 경제의 하나의 모델일 수 있을 듯합니다.

허상의 경제를 버리자

유럽 공동체가 사용하는 유로라는 화폐는 사회 체제가 다른 여러 나라가 같은 단위의 화폐를 사용하자는 것입니다. 유로의 최종 목표는 실은 세계 통일 화폐일 것입니다. 그렇다면 세계에서 통하는 화폐는 무엇을 기준으로 삼아야 할까요? 에도 시대처럼 쌀을 기준으로 삼을 수는 없는 일이겠죠. 세계 공통의 기준으로는 에너지 단위 외에는 생각하기 힘듭니다.

이런 것이 실체 경제의 사고방식입니다.

한편, 돈을 사용할 권리가 누구에게 있는가가 중요한 허상의 경제를 본질적으로 파고들면 의미가 없어지고 맙니다. 즉 정보를 기반으로 한 올바른 돈의 사용법이 정해지기만 하면 누가 돈을 가지든 상관이 없습니다.

이 두 경제는 구별되지 않지만 실은 명확히 구분되어야 합니다. 경제학자들이 뭐라고 말할지는 모르겠지만, 실체 경제와 허상의 경제를 구별하지 않으면, 경제가 잘 돌아간다는 말에 그런가 보다 하고 속는 사이에 에너지가 점차 소비되어 지구 환경이 파괴되고 말 것입니다.

물론 이런 걱정을 한들 뾰족한 대안이 나오지도 않을 테니 일단 인간의 뇌에서 나오는 욕망이 외적 요인에 어쩔 수 없이 제한될 때까지 기다리는 수밖에 없을지도 모릅니다. 하지만 그러는 동안에 돌이킬 수 없는 일이 벌어질 가능성이 큽니다. 그 대표적인 예가 환경 파괴입니다. 그것을 막으려면 실물 경제에 뿌리를 내려야 합니다. 그리고 허상의 경제를 포기해야 합니다. 실체 경제가 제대로 돌아가니 거래는 너희들 마음대로 하라고 말하고 싶은 심정입니다.

그런데 실제로는 무작정 돈을 돌리지 않으면 경제가 성립하지 않는다는 착각이 전 세계의 상식으로 통합니다. 즉 술이 줄어들든 말든 돈이 계속 오가니 괜찮다는 겁니다.

하지만 사실은 그렇지 않습니다. 실체가 보이지 않는 상태에서 욕망에 따라 돈만 회전된다면, '경제가 호조다'라고 말하는 사이에 눈앞에 놓인 술은 바닥을 드러내고 말 것입니다.

신보다
인간

경제를 '실체'와 '허상'으로 나누는 사고방식이 지금까지 얘기한 '의식과 무의식', '뇌와 신체', '도시와 시골' 같은 이원론과 비슷하다는 걸 눈치채셨을지도 모르겠습니다. 그렇습니다. 나의 사고방식은 간단히 말하면 이원론으로 집약할 수 있습니다.

일상생활에서는 의식되지 않고, 신문이나 텔레비전도 그런 관점에서 논의하지 않지만, 현대 세계의 3분의 2가 일원론자라는 점에 주의해야 합니다. 이슬람교, 유대교, 그리스도교는 결국 일원론의 종교입니다. 일원론의 결점을 세계는 지난 백오십 년 동안 넌더리가 날 정도로 봐 왔습니다. 그러므로 21세기에는 반드시 일원론의 세계에서 벗어났으면 합니다. 남자가 있으면 여자가 있는 법이니까요.

원리주의는 전형적인 일원론입니다. 일원론적 세계라는 것은 경험적으로 볼 때 반드시 파탄에 이릅니다. 원리주의가 파탄에 이르는 것과 마찬가지입니다.

물론 단기적으로 보면 원리주의 쪽이 우세할 수도 있습니다. 미국에서는 금주법이라는 터무니없는 법률이 시행된 적이 있었는데, 그런 식의 일방적인 억압 또한 일원론적인 사고방식의 산물입니다. 그와 같은 일원론은 시간이 지나면 무너지게 마련입니다. 금주법이 결국 없어진 것과 마찬가지로 말입니다.

이제 우리도 일원론의 폐해에 눈을 돌려야 할 때입니다. 내가 뇌에 대해 끊임없이 이야기하는 것도 그 때문입니다.

'당신이 아무리 백 퍼센트 옳다고 주장해도, 자는 동안의 자신의 의견은 그 백 퍼센트에 반영되지 않았을 겁니다. 그러니까 3분의 1은 틀릴 수도 있습니다. 확실히 옳은 것은 67퍼센트예요. 자신이 하는 말도 백 퍼센트 옳다고 생각할지 모르지만 인간의 실수를 고려할 때 그중 50퍼센트는 틀릴 수 있습니다.'

이것이 내가 하고 싶은 말입니다.

바보의 벽이란 일종의 일원론에서 기인하는 면이 있습니다. 바보에게는 벽의 안쪽이 세상의 전부여서 그 너머는 보이지 않습니다. 벽 너머의 세상이 존재한다는 사실조차 모릅니다.

이 책에서 몇 번이고 사람은 변한다는 것을 강조한 것도 일원론을 부정하고 싶었기 때문입니다. 일원론의 배후에는 자신은 변하지 않는다는 근거 없는 착각이 깃들어 있습니다. 그런 전제가 없으면 일원론은 성립하지 않습니다. 왜냐하면 자기 자신이 지금과는 다른 사람으로 변할지 모른다고 생각하면 절대적인 원리주의를 주장할 수 없으니까요. '군자는 변한다'라는 말은 일원론적 종교에서는 있을 수 없습니다. 걸핏하면 변하는 교주를 누가 신뢰할까요.

그래서 도시화되고 정보화되는 것입니다. 그런 세계인 중근동 지역에서 최초의 도시가 탄생했고, 거기서 일신교가 나온 것은 필연적인 일입니다.

민초의
강인함

본래 일본은 팔백만이나 되는 신이 존재하는 나라였습니다. 『호조키』의 '강물의 흐름은 끊이지 않으며, 그 물은 원래의 물이 아니다.'라는 구절도 일원론의 세계에서는 나올 수 없는 말입니다. 그러니까 단순한 일원론의 세계는 아니었습니다.

그런데 근대로 넘어오면서 의식하지 못하는 사이에 일원론이 주류로 자리 잡았습니다. 별나른 근거나 밑바탕이 되는 문화도 없는데 말입니다.

일원론과 이원론을 종교에서 말하자면 일신교와 다신교의

차이로 볼 수 있습니다. 일신교는 도시 종교이고 다신교는 자연 종교이기도 합니다.

도시 종교는 반드시 일원론화되어 갑니다. 왜냐하면 도시 사람들은 몹시 심약해서 의지할 무엇인가를 갈구하기 때문입니다. 그러나 토지에 뿌리를 내린 민초는 대단히 강인합니다. 나리타 투쟁(나리타 공항 건설에 반발한 지역 주민들이 혁신 정당과 손잡고 벌여 온 반대 운동 - 편집자)을 보면 그런 사실을 잘 알 수 있습니다. 주민들이 국가의 압박에 수십 년간 완강히 저항하고 있습니다. 비단 이 사건뿐 아니라 지배자들은 옛날부터 백성을 내리누르는 데 골몰해 왔습니다.

사농공상과 지배 계급이 고정되어 있었던 에도 시대에는 무사 계급만 무기를 들 수 있게 하여 철저히 유리한 입장에서 가까스로 백성과의 균형을 유지했습니다. 그 정도로 도시의 인간은 약한 존재입니다.

그렇다면 민초의 그 강인함은 어디서 비롯되는 것일까요. 인간은 먹어야 살 수 있고, 먹을거리를 장악한 존재가 민초라는 데서 오는 것입니다. 조금도 어려운 이야기가 아닙니다. 종전 직후의 혼란기에는 고급 양복을 한 벌 들고 가도 쌀을 조금밖에 바꿔 주지 않았습니다. 우리 세대가 흔히 체험한 이런 사례는 기반이 되는 뭔가를 갖지 못한 인간이 얼마나 나약한지를 분명히 나타냅니다.

그러나 지금은 거의 모든 사람이 도시인이 되어 나약해지고 말았습니다. 그런 나약함을 파고드는 것이 종교이며, 그 전형이 일원론적 종교입니다.

가톨릭과
프로테스탄트

일례로, 크게 나누어서 가톨릭과 프로테스탄트를 비교하면 프로테스탄트 쪽이 명백히 원리주의에 가깝고, 게다가 도시형입니다. 프로테스탄트는 결국 게르만 민족이 그리스도교를 기반으로 새롭게 만들어 낸 도시 종교입니다. 이에 반해 가톨릭은 중세 시대를 거치면서 이른바 부족 종교, 즉 게르만의 자연 종교와 융합되었기에 실질적으로는 다신교적인 면이 있습니다. 이탈리아에서 가톨릭교회에 들어가 보면 성인(聖人)들의 조각상이 있고, 마리아의 방이 따로 있으며, 정면에만 예수 그리스도상이 있는데 이것은 어떤 의미에서 다신교라고 할 수 있습니다.

이슬람교와 프로테스탄트는 일신교의 색채가 매우 강합니다. 따라서 이슬람과 미국의 전쟁은 우리가 볼 때 일신교끼리의 충돌에 지나지 않습니다.

일신교의 교인들은 절대 '저 사람들은 말이 통하지 않으니까 그냥 내버려 두자'에 그치지 않고 서로를 악마라고 부릅니다. 한 발짝 물러서서 보면 피장파장인데 말이죠.

최근에는 이런 논지로 말을 하면 '당신, 반미주의자지?' 하고 넘겨짚는 사람도 있습니다. 그런 차원의 이야기가 아닌데, 일원론적인 사람과는 말이 통하지 않습니다.

일신교적인 사고방식을 가진 사람은 일본 내에도 많습니다. 전쟁 때 내세웠던 팔굉일우, 즉 세계가 천황을 정점으로 한 하나의 가족이라는 주장이 그 대표적인 예입니다. 그로 인해 얼마나 지긋지긋한 일을 겪었는지도 잊고 또 일원론으로 회귀하다니, 하는 생각이 듭니다.

천황제라 해도 1920년대까지는 그 후의 태평양 전쟁 때만큼 절대화되지 않았을 걸로 봅니다. 천황을 나라의 일개 기관으로 여기는 '천황 기관설'이 있었을 정도니까요. 그러던 것이 전쟁이 시작되면서 점점 신격화되어 갔습니다.

원리주의가 자라기 쉬운 토양이 있습니다. 인간이란 편해지고 싶을 때 뇌 속의 계수를 최대한 고정화하려고 합니다. 그것은 사고 정지 상황이 마음이 가장 편하기 때문입니다.

인생은
이에야스형

도쿠가와 이에야스는 '사람의 일생은 무거운 짐을 지고 먼 길을 가는 것과 같다'라고 했습니다. 이 말에 공감하는 사람이 지금 시대에 얼마나 있을지 모르겠습니다만, 나는 한술 더 떠서 '인생은 절벽을 오르는 것과 같다'라고 말하고 싶습니다.

절벽을 오른다는 건 고된 일이지만, 한 걸음 오르면 시야가 그만큼 넓어집니다. 하지만 그 한 걸음을 오르기가 몹시 힘듭니다. 손을 놓았다가는 천 길 아래 골짜기로 곤두박질칩니다. 인생이란 그런 겁니다. 그래서 누구나 편해지고 싶어 합니다.

원리주의에 자신을 내맡기는 것은 절벽에서 손을 놓는 것이나 다름없습니다. 골짜기로 곤두박질쳐도 그것은 멀리 떨어져서 보기에 그럴 뿐 정작 본인은 떨어져서 기분 좋아 합니다.

인생은 이에야스형입니다. 한 걸음 올라가면 그만큼 멀리 보이지만 한 걸음 오르기가 쉽지 않은 데다 짐까지 지고 있습니다. 그러나 이 세상에는 몸을 움직이지 않으면 보이지 않는 풍경이 있습니다.

곤두박질쳐서 골짜기에 처박힌 상대의 대표적인 예가 컬트 종교에 몸을 내맡긴 사람입니다. 내가 겪은 학생 가운데도 옴진리교를 비롯하여 이런 종교에 걸려든 사람이 꽤 있습니다.

그들을 도와주려면 개인적으로 가까워지는 것밖에 다른 도리가 없다는 것이 교사로서의 경험을 통해 얻은 결론입니다. 역으로 교화하자는 것입니다. 그럴 시간이 있느냐고 반문한다면 그것이 교사라는 직업의 숙명이라고 대답할 수밖에 없습니다. 조금이라도 반대 방향으로 교화했으면 하는 마음으로 지금도 강의의 몇 퍼센트는 이런 이야기에 할애합니다.

그것이 얼마나 학생들에게 통할지는 나도 모릅니다. 금방 효과를 보겠다는 생각은 무리입니다.

그러나 끊임없이 그런 이야기를 하는 것 자체가 적어도 내게는 '인생의 의미' 중 하나입니다. 투덜거리면서도 여전히 교육 현장에 남아 있는 것도 바로 그 때문입니다.

지적 노동이란 무거운 짐을 지는 일입니다. 사물을 깊이 생각하는 것은 결코 즐거운 일이 아니라는 것을 가르치려고 애썼습니다. 그런데도 학생 다수가 편안하게 학문을 하고 싶어 한다면 그것은 나로서도 더는 어쩔 수 없는 벽이 있기 때문입니다. 그것은 알고 모르고의 문제가 아니라 실은 동기의 문제입니다. 나는 그것이 몹시 두렵습니다.

절벽을 한 걸음이라도 더 올라 조금이라도 더 넓게 바라보고 싶다는 동기를 잃어버린 사람이 많습니다. 그들은 더 알게 되면 세계를 바라보는 눈이 달라진다는 사실을 모릅니다. 애인이나 경주마를 소유하는 것이 그들의 동기가 되어 버렸습니다. 그게 아니라면 컬트 종교의 교리를 배워서 편안해진 걸까요.

인간의
상식

이야기의 범위를 넓히자면, 일본 공동체가 이 세계에서 어느 정도의 의미를 지니는지 우리는 다시 한 번 고민해야 합니다. 일원론을 부정하려면 다른 보편 원리를 제시해야 합니다. 일본이 어떤 보편적 원리 위에 세워져 있는지 생각해 봐야 합니다.

일신교의 세계라는 것은 일종의 보편 원리입니다. 그곳에는 만능의 신 하나만이 존재합니다. 이슬람교든 유대교든 그리스도교든 마찬가지입니다. 그들이 세계의 3분의 2를 차지합니다. 그 세계에 속하지 않은 사람들은 어떤 보편성을 제시할 수 있을까요. 물론 그런 대단한 것이 있을 리 없습니다.

하지만 그 대신 '인간이라면 이럴 거야' 하는 것 정도는 생각할 수 있습니다. 그것이 보편성으로서 성립할 수 있습니다. 인간이 친한 사람을 죽일 수 있느냐는 물음에 대해 '그럴 수는 없을 것'이라고 대답하는 것과 같은 일종의 보편성은 이쪽 세계에도 반드시 존재합니다.

앞으로 일본이 근거로 삼아야 할 것은 바로 그런 사상입니다. 예를 들어 '너무 욕심을 부리지 마라'와 같은 보편적인 생각들 말입니다. 물론 그런 생각들은 너무나 당연하게 여겨질 수도 있습니다.

나는 '인간이라면 이럴 거야' 하는 것, 즉 이 책의 서두에서 말한 '상식'이 궁극적인 보편성이라고 생각합니다. 안이하게 신을 끌어들이거나 해서는 안 됩니다. 일원론적인 신을 끌어들이면 어느 방향으로 갈 때는 참으로 편합니다. 옳으니 그르니 따지지 않고 결정을 내릴 수 있으니까요.

한편 '인간이라면 이럴 거야' 하는 것은 매우 간단한 것 같으면서도 어떻게 보면 그 답을 알기 힘듭니다. 하지만 우리에게는 결국 그 길밖에 남지 않았다는 생각입니다. 이슬람교도건 그리스도교도건 유대교도건 '당신, 인간이잖아' 하는 사고방식, '인간이라면 이럴 거야'라는 사고방식이 보편적인 원리가 되어야 하지 않을까요.

한일 공동 월드컵에서 일본의 젊은이가 잉글랜드 유니폼을 입고 응원한 적이 있습니다. 한국이 승승장구하자 한국을 응원하기도 했습니다. 그 두 나라로서는 믿기 힘든 일이었습니다. '인류는 모두 형제다'라고 하면 좀 이상하다고 여길지 모르지만, '인간은 모두 마찬가지'라는 사고방식이 일본에는 기본적으로 있을지도 모르겠습니다. 일본에는 국경도 없었고 민족끼리 피비린내 나는 싸움을 한 적도 없었고 전장이 된 적도 없었습니다. 이와 같은 특성을 나약하다고 쉽게 말할 수도 있겠지만 나는 이것이 나쁘다고 보지 않습니다.

하지만 지금 일본은 NHK의 '공평·객관·중립'으로 대표되듯이 여기저기서 일신교적인 현상이 나타나고 있습니다. 그것을 옳다고 여기는 풍조가 주류를 이루는 상황이 몹시 걱정스럽습니다.

안이하게 '안다', '말하면 안다', '절대적 진실이 있다'라고 단정해 버리는 자세, 거기서 일원론의 나락으로 떨어지는 것은 금방입니다. 일단 일원론에 걸려들었다 하면 굳건한 벽 속에서 살아가게 됩니다. 이것은 일견 편안해 보이기도 합니다. 그러나 벽 너머의 세상, 자신과 입장이 다른 사람은 보이지 않게 됩니다. 당연히 대화도 통하지 않습니다.

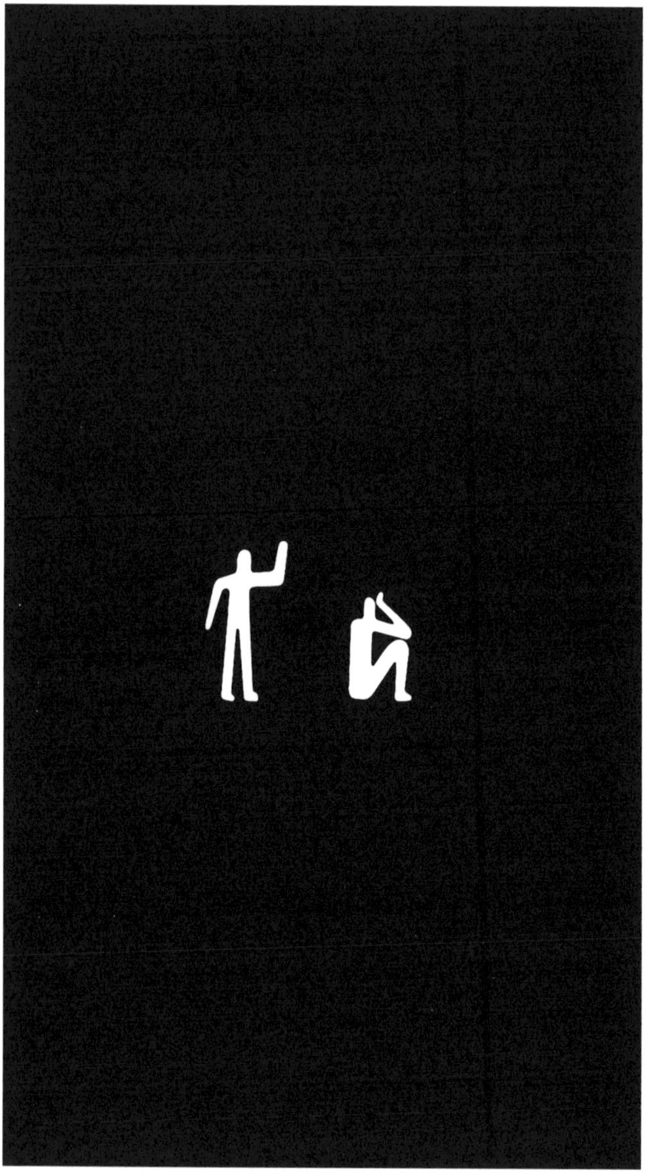

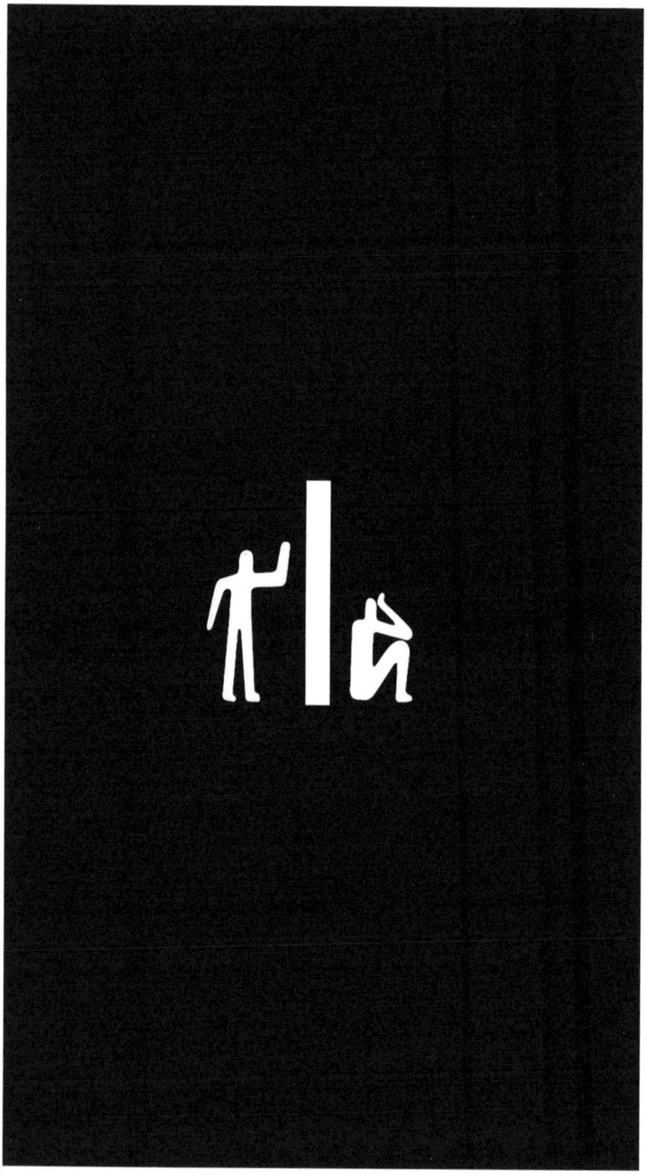